能力を伸ばす四つのポイント

勉強からスポーツまで

立花均
Tachibana Hitoshi

ぺりかん社

まえがき

正しい方法＋努力＝成果

スポーツや楽器が上手になるためには、練習をしなければなりません。また勉強がわかるようになるためには、学習をしなければなりません。サッカーでもギターでも練習をしなければ上手になりませんし、数学も学習をしなければわかるようにはなりません。

それでは、努力をしさえすれば練習や学習の成果は出るのでしょうか。つまり、「努力＝《イコール》成果」なのでしょうか。

多くの人は、「努力は必ず報われる」と思って練習や学習に取り組んでいるのかもしれません。そのため、いくら努力しても成果が出ないときには、「努力が足りない」と思って、さらに一層、がんばろうとするのではないでしょうか。

たしかに努力は必要です。しかしだからといって、努力をしさえすれば必ず成果が出るわけではありません。「方法」が間違《まちが》っていれば、骨折り損のくたびれもうけになるだけです。

そのことは、建物の一階から二階に行くことを考えてみればわかります。もしも、努力をしさえすれば必ず成果が出るというのであれば、「二階に行こう、行こう」としてそこに向けて力いっぱいにジャンプすることを、毎日、朝から晩まで何年も続けていれば、必ずいつかは二階に行けるはずです。それをすることは体力の限界を超《こ》えるほどのことですから、努力という点からすればこれ以上の努力はありません。したがって、努力が必ず報われるのであれば、それほどまでの努力をして二階に行けないはずはないのです。

しかし実際には、そのような努力を何年続けても二階には行けません。それどころか、何回ジャンプしてもそのつどもとの場所に落ちてもどってくるだけですから、一センチも高くには上がれていないのです。

それでは二階に行くためにはどうすればよいのかというと、階段を登ればよいのです。そうすれば、体力の限界を超《こ》えるような努力を何年やっても得られなかった成果を、だれもが一分もかからずに達成できます。そして、練習や学習においてこの階段に当たるのが「正しい方法」なのです。

もっとも、階段という正しい方法がそこにあることはわかっていても、ただそれをながめているだけでは二階に行けません。やはりそれを登ること（つまり、その正しい方法を実行すること）はしなければならず、それをすることがすなわち努力なのです。その意味で、努力も必要であることに間違《まちが》いはありません。ただし、正しい方法の裏づけのないやみくもな努力ではなく、正しい方法を実行する努力でなければ成果は出ません。つまり、「努力＝成果」ではなく、「正しい方法＋《プラス》努力＝成果」なのです。

それでは、正しい方法とはどのようなものなのでしょうか。それは、「背伸《せの》びをせず、今の自分の能力を超《こ》えない易しい教材（できる教材や基本的な教材）にくり返していねいに取り組む」というものです。そのような方法で努力をすれば、ちょうど階段を使って二階に行くように、その努力に見合うだけの成果がすぐにきちんと出てくれます（以下、本文を含《ふく》め、「教材」という場合にはスポーツなどでの「トレーニングメニュー」も含みます）。

それに対し、成果の出るはずのないやみくもな努力とは、「背伸《せの》びをして、今の自分の能力を超《こ》えた難しい教材（できない教材や複雑で高度な教材）に取り組む」というものです。そのような努力をいくらしても、ちょうど二階に向けて力いっぱいにジャンプするように、努力に見合うだけの成果はなかなか（あるいは、ほとんど）得られないのです。

私も以前は、「易しい教材をしてもしかたがない。難しい教材に取り組まなければ能力は伸《の》びない」と思い込《こ》んでいました。ところが、どうもそうではないようだと気づいてからいろいろな人の体験談を読んでみると、さまざまな分野で実際に成果を出した人たちの方法はむしろ逆でした。つまり、「難しい教材をしてもしかたがない。易しい教材に取り組まなければ能力は伸《の》びない」ということだったのです。

ポイントは四つ

本書では、その正しい方法のポイントを四つに分けて説明します。すなわち、《ポイントその一：教材のレベルを下げる》《ポイントその二：部分品《パーツ》のみがき上げ》《ポイントその三：同じ教材をくり返す》《ポイントその四：ゆっくりていねいに》の四つです。

正しい方法とは、教材にどのように取り組むかといった、いわば一《ひと》まとまりの全体的なものです。しかしそこには大きく分けてこの四つのポイントがあり、そのときどきの練習や学習で成果を出すにはそのどれに重点を置く必要があるのかはケースバイケースでちがっています。そして、そのときどきに必要なポイントは、結局は練習や学習を行う当事者たち（本人や指導者たち）が試行錯誤《しこうさくご》しながら見つけていくほかありません。本書では、その試行錯誤《しこうさくご》の手がかりになるよう、この四つのポイントについて具体例をまじえながら説明していくことにします。

必要なポイントをうまく見つけて練習や学習を行った人は、はたで見ていてもうらやましくなるような成果をすぐに出します。本文でも紹介《しょうかい》した一人の高校生は、猛烈《もうれつ》に勉強していたときには成績が一向に上がらなかったのに、《ポイントその一：教材のレベルを下げる》を実行しただけで、勉強時間をずいぶんと減らしたのに逆に成績はすぐに学年でトップになりました。その高校生が私に憮然《ぶぜん》として文句をいったことがあります。それは、「方法をちょっと変えただけで、あれほどがんばっても上がらなかった成績が簡単に上がった。友だちはだれもこの方法を知らずに苦労しているし、先生はだれもこの方法を教えてくれなかった。どうしてこの方法をもっと広めてくれないのですか」というのです。

そういわれてからというもの、練習や学習で努力をしている人たちの手がかりになるような本をいつかは書かなければならないというのが私の宿題になっていました。本書によって、一人でも多くの人が正しい方法のポイントをつかみ、その努力に見合うだけの成果を出せるようになって頂くことを願っています。

なお本文では敬称は略させて頂きました。また、引用文中の（　）はもとの文のもの、〔　〕と傍点《ぼうてん》は引用者によるもので、ルビは適宜《てきぎ》追加しています。

● 目次

第三章 ポイントその三 同じ教材をくり返す

第一章

ポイント その一

教材のレベルを下げる

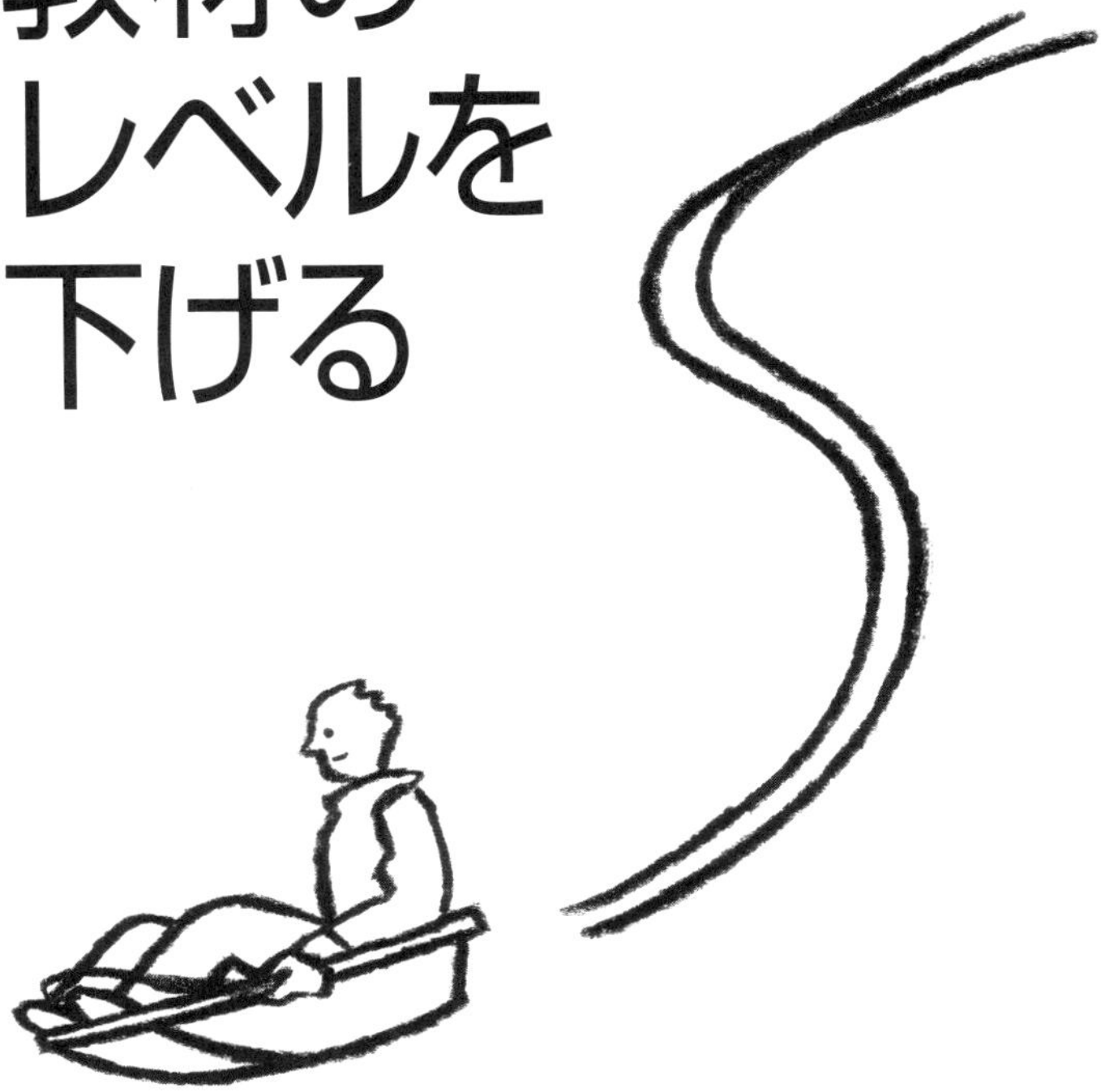

第一節　できる教材に取り組む――できない教材は後まわし

できない教材に取り組んではいけない

多くの人は、「できない教材」があると、それに直接取り組んでそれをできるようにしようとします。

先生のなかにも、生徒に、「できる教材はしなくてよいから、できない教材をしなさい」と指導する人がいます。たとえば、問題集の基本問題はできるが発展問題ができないという生徒には、「あなたは基本問題はできるのだから、それをする必要はありません。発展問題ができないのだから、そちらをしなさい」などと指導するのです。

もちろん、練習や学習は、「できない教材」をできるようにするために行います。しかし、そのことを達成するには、そのできない教材に直接取り組んではいけないのです。それではどうすればよいのかというと、それと逆のことをしなければなりません。

すなわち、「できない教材」（および、それと同じような「難しい教材」「わからない教材」）には取り組まず、それよりもレベルを下げた「できる教材」（および、「易しい教材」「わかる教材」）に取り組むのです。そして、それをするのが、《ポイントその一：教材のレベルを下げる》です。先生は生徒に対し、「できない教材に取り組んではいけません。できるところまでレベルを下げた教材をしなさい」と指導するのが《ポイントその一》です。

教材のレベルを下げてできかたの不十分さを解消

それではどうして、「できない教材」に直接取り組んではいけないのでしょうか。それは、その教材ができない原因は、その教材自体にはなく、それよりもレベルが下の「できる教材」（「できるとされている教材」）のできかたの不十分さにあるからです。たとえ基本問題はできても、発展問題に進んだときにそれができないのであれば、犯人はできない発展問題ではなく、できるとされている基本問題のできかたの不十分さなのです。

そして、そのできかたの不十分さは、それを積み残したままつぎのできない教材にいくら多くの時間とエネルギーをかけて取り組んでもなかなかうまくは解消されず、できるとされている教材に立ちもどってそれに取り組めばすぐに簡単に解消されるのです。そのため、《ポイントその一：教材のレベルを下げる》では、できない教材はいったん後まわしにして、レベルを下げたできる教材に取り組みます。そしてそれをすると、それまでいくら一生懸命《いっしょうけんめい》に取り組んでもなかなかできるようにはならなかった教材（そのため、後まわしにしていた教材）が、気がついたときには、拍子抜《ひょうしぬ》けするほど簡単にできるようになっているのです。

たとえば数学で、基本問題はできるが発展問題ができないという場合、できない発展問題は後まわしにして、できる基本問題に取り組みます。そうすると、気がついたときには、発展問題が、「あれっ？　どうしてこんな簡単な問題が以前はできなかったのだろうか」ということになっているのです。

できるとされていることのできかたが不十分だというのは、それをするさいに（たとえほんの一瞬《いっしゅん》でも）「えーと、えーと」と考えているということです。ギターの弾《ひ》き方にしても、数学の問題の解き方にしても、先生から習ったばかりのことを行うさいには、「えーと、えーと」と考えながらでなければできません。しかしそういったできかたでも、「できるかできないか」といった観点からは、「できる」とされるのです。たとえば、数学の基本問題を「えーと、えーと」と考えながらでなければ解けなくても、正解は出せます。そうすると先生も生徒本人も、「基本問題はできる」としてつぎの応用問題に進んでしまうのです。

しかし、練習や学習で取り組まなければならないのは、そういった「不十分さを残しているできる教材」なのです。そしてそういった教材に取り組むと、ちょっとするだけでその不十分さは簡単に解消されます。すなわち、最初は「えーと、えーと」と考えながらでなければできなかったことが、すぐにそういったことを考えずにすらすらとできるようになるのです。

できる教材についてのできかたが、それに取り組む前と後でこのように変化したということは、その人の能力がそこではっきり変化し向上したということです。そのため、そうなった後で、以前はできずに後まわしにしておいた教材に取り組んでみると、今度はそれが簡単にできるようになっているのです。

このように、《ポイントその一：教材のレベルを下げる》ではつぎのことをします。

一、できない教材はいったん後まわしにする。

二、できるところまでレベルを下げた教材に取り組み、そこに残っているできかたの不十分さを解消する。すなわち、その教材を「えーと、えーと」と考えることなくすらすらとできるようにする。

三、それによって、以前はできなかった教材をできるようにする。

目的と方法はちがう

《ポイントその一》の目的は、あくまでも、「できない教材」をできるようにすることです。しかし、それは結果的に達成すべきことであって、それを達成するための方法は、決してそのできない教材に直接取り組むことではないのです。

「できない教材」があれば、だれもがそれを早くできるようにしたいと願います。しかし、その成果にこだわりすぎると、逆に成果はなかなか出ないのです。

なぜなら、目的（出すべき成果）と、それを達成するための方法（取り組むべき教材）のレベルはちがっているからです。そのため、成果へのこだわりが強すぎると、それとはちがったレベルの教材にはどうしてもきちんと取り組めないのです。「自分が目的としているのはこんな低いレベルではない」といって、レベルを下げた「できる教材」には取り組まず（取り組んだとしても上滑《うわすべ》りな取り組みしかせず）、目的とする高いレベルの「できない教材」に直接取り組むことばかりをしてしまいます。しかしそうすると、「自分の目的は二階に登ることであって、目の前のこんな低い一段を登ることではない」といって二階に向けてジャンプするのと同じようなことになり、何の成果も出せずに終わるのです。そのようなことにならないためには、成果のことはいったん後まわしにして（いったん忘れて）、それとはちがったレベルの教材（レベルを下げたできる教材）に取り組まなければならないのです。

このように、《ポイントその一》の目的と方法はちがっています。しかし、何もかもがちがっているわけではありません。目的と方法の分野は同じなのですが、レベルがちがっているのです。たとえば、ギターの難しい曲を弾《ひ》けないのでそれを弾《ひ》けるようになることを目的として練習をする場合、「フルートという、目的とはちがう分野」の練習をしてもしかたがなく、「ギターという、目的と同じ分野」の練習をしなければなりません。しかし、「目的と同じレベルの難しい曲」に直接取り組んではならず、「目的とはちがうレベルの易しい曲」を練習しなければならないのです。

数学の場合であれば、Aという分野の応用問題ができないのでそれができるようになることを

目的として学習をする場合、「Bという、目的とはちがう分野」の問題をいくら学習してもしかたがなく、「Aという、目的と同じ分野」の問題を学習しなければなりません。しかし、その分野の問題でも、「目的と同じレベルのできない応用問題」に直接取り組んではならず、「目的とはちがうレベルのできる基本問題」に取り組まなければならないのです。

　このように、《ポイントその一》における目的（出すべき成果）と、それを達成するための方法（取り組むべき教材）は、「分野は同じだがレベルはちがう」という形でちがっています。こちらの建物の二階に登るという目的を達成するためには、あちらの建物ではなくやはりこちらの建物（すなわち、目的と同じ分野）について登ることをしなければならないのですが、ただし二階に向けて直接ジャンプするのではなく、目の前の階段の一段を登ること（目的とはちがう低いレベルの教材に取り組むこと）をしなければならないのです。そして、「同じ分野でレベルを下げる」という形で目的を方法に変換《へんかん》するのが、《ポイントその一：教材のレベルを下げる》なのです。

第二節　《ポイントその一》の実践例《じっせんれい》

できない漢字ではなく、できる漢字を

それでは、《ポイントその一：教材のレベルを下げる》の実践例《じっせんれい》を二つ見ておくことにします。最初は小学生の例です。

私は以前、知人の小学三年生の漢字の書き取りの指導を依頼《いらい》されたことがあります。その子は一学期のあいだに何度かあった漢字の書き取りの試験で、いつも百点満点の三十点に届かない点数しかとれなかったそうです。そのため、あまりの点数の低さに驚《おどろ》いた母親が、つぎに試験がある前に一生懸命《いっしょうけんめい》教えはしたものの、点数は一向に変わらなかったというのです。

ちょうど夏休みに入るときにその子の指導を依頼《いらい》されました。小学生の漢字の指導経験はなかったのですが、つぎのような方針を立ててみました。それは、「その子は三年生の漢字はでき̀な̀

いのだから、それに取り組ませてはいけない。その代わり、《教材のレベルを下げる》ことをした一、二年生の漢字はおそらくできるのだろうから、それをさせればよい」と。

一年生の漢字は、「一」「二」「山」「川」などが八十字あり、二年生の漢字は百六十字ありました。そこで、それらを一字一字（たとえば「山」なら「山」という字を）五回ずつ書かせていき、それを通しで二回させることにしました。その子は初め、どんな難しいことをさせられるのだろうかと思い顔をこわばらせていました。しかし、『一』から、どの字もていねいに五回ずつ書いていってごらん」というと、「そんな簡単なことなら」というので、すらすらと二年生の終わりまでやってくれました。一、二年生の合わせて二百四十字を五回ずつ書くのですから千二百字で、四百字の原稿《げんこう》用紙三枚分です。一日目の学習はそれだけにして、つぎの日にもう一度、同じことをさせて、それで全部の学習を終わらせました。テストもしなければ、三年生の漢字もさせませんでした。「できる教材をさせれば、できない教材は気がついたときにはできるようになっているはずだから、点数も少しは上がるだろう」と考えたのです。家庭でも夏休みには漢字の学習はとくにさせなかったそうなので、その子が夏休みにした漢字の学習はこれだけだったことになります。

二学期になって国語の教科書がある程度進んだところで、一学期と同じように、その範囲《はんい》に出てきた漢字の試験が学校であったそうです。一学期の終わりにはサジを投げていた母親ですが、試験前にはやはり少しはさせておかなければならないと考えて、前日に試験範囲《はんい》の漢字を書かせてみたというのです。すると、家庭では漢字の学習は何もしていないのに、国語の授業中に習ったというだけで、試験範囲《はんい》のほとんどの漢字を間違《まちが》えずに書けたそうです。そのため、後は書けなかった漢字を一つ、二つ覚えるだけでよく、それからの学校での漢字の試験は、毎回そういった調子で百点ばかりだったということです。

その子が大学生になったとき、たまたま話をする機会があったので、その後の中学、高校時代の漢字の試験はどうだったのかを聞いてみました。すると、私が小学三年生のときにさせたことはすっかり忘れていたのですが、そのころから急に漢字が得意になったことだけは覚えていました。そしてそれ以後、漢字を覚えるのに苦労したことはなく、大学入試も含《ふく》め、試験で漢字を書けなかったことはないというのです。たった二日の簡単な学習で、その後の十年近くを楽に暮《く》らせたのです。

このような成果が出たのは、「できない教材」は後まわしにして、「できる教材」だけをさせたからです。そのため、それまでできなかった教材も簡単にできるようになったのです。私が指導する前に母親がさせていた学習は、おそらくできない教材（三年生の漢字）ばかりをさせていて、できる教材（一、二年生の漢字）はさせていなかったのではないでしょうか。そのため成果がまったく出なかったのです。

その小学生は、一、二年生の漢字は一応できていたのかもしれません。しかし、そのできかたが不十分だった（つまり、できることはできるにしても「えーと、えーと」と考える部分が残っていた）ため、三年生の漢字に進むと手も足も出なくなっていたのです。そこで、一、二年生の漢字をもう一度学習し直してそのできかたの不十分さを解消すると、三年生の漢字も簡単にマスターできるようになったのです。

「漢字の書き取り」をできるようにさせることが目的であれば、「計算練習」などといったちがう分野の学習をさせてもしかたがなく、やはり漢字の書き取りという同じ分野の学習をさせなければなりません。目的と方法は、「分野は同じ」でなければならないのです。しかし、「三年生のレベルの漢字」をできるようにさせることが目的であれば、それと同じレベルの三年生の漢字を学習させてもしかたがなく、「それよりもレベルを下げた一、二年生の漢字」を学習させなければなりません。目的（出すべき成果）と、それを達成するための方法（取り組むべき教材）は、「分野は同じだがレベルはちがう」という形でちがっていなければならないのです。

この話を聞いた人が、漢字が特別苦手な小学四年生にこの方法を試したところ、学校の漢字の試験ではやはり百点をとれるようになったそうです。

「ここならわかる」「これならできる」から

つぎは、「まえがき」にも書いた、高校一年生に、《ポイントその一：教材のレベルを下げる》を指導した例です。

その高校生は、中学校のときにはあまり勉強しなかったので成績もそれほど上位ではなかったそうですが、自分も勉強しさえすれば相当によい成績をとれるはずだと思っていたようです。そこで高校に入学した一学期に、中間試験に向けて、それこそ猛烈《もうれつ》に勉強したそうです。ところがその結果は、同じ中学校から来て、自分が勉強すれば成績は上のはずだと思っていた数人の友だちよりも、順位が下だったというのです。そこで、こんなはずはないと思い、期末試験に向けてさらに猛烈《もうれつ》に勉強したものの、その結果は中間試験とまったく変わらなかったそうです。

それで夏休みにはすっかり自信をなくして落ち込《こ》んでいたのですが、そのころたまたま話をする機会があったので、《ポイントその一：教材のレベルを下げる》をアドバイスしてみました。それは、「できないところ、わからないところ、難しいところは後まわしにして、できるところ、わかるところ、易しいところからていねいにやっていってごらん」というアドバイスです。もう少し具体的にはつぎのことをいいました。

一つは、教科書や参考書の説明文についてです。それは、「説明文のわからないところは後まわしにして、『ここならわかる』というところを見つけて、そういったところからていねいに読んでいってごらん」ということです。

もう一つは、取り組む問題についてです。それは、「できない問題は後まわしにして、『これならできる。これならわかる』という問題を見つけて、そういった問題からていねいに解いていってごらん」ということです。

それまでの彼《かれ》の勉強のしかたは、「できるところやわかるところはしなくていいや」というので、できないところやわからないところを見つけて、そういったところばかりをしていたようです。しかし、私のアドバイスを聞いてからは勉強のしかたを変えてくれました。

話をしたのは夏休みの終わりごろでしたが、しかたを変えてからは勉強時間もずいぶん減ったといいます。そのため、勉強時間を報告するようになっていたクラス担任からは怒《おこ》られたそうです。しかしそれにもかかわらず、二学期の中間試験からは、だいたい学年でトップの成績をとれるようになったのです。

その高校生が後でいっていたのは、「わからないということで後まわしにしていた問題を、わかる問題からしていった後にもう一度してみると、以前はこの問題のどこがわからなかったのかがわからないというほど簡単に解けることが多かった」ということでした。

第三節　難易度のちがう教材がそろっている場合

「学年」「級」を下げる

それではつぎに、《ポイントその一：教材のレベルを下げる》を実行するためのヒントを、いろいろな角度から見ていくことにします。

まず、練習や学習を行う分野に難易度のちがう教材がそろっている場合についてです。その場合には、《教材のレベルを下げる》を実行するのは簡単で、それらのなかからレベルを下げた易しい教材を選べばよいのです。

たとえば、学校の教科書のように難易度順に並《なら》んだ教材がある場合には、前の方の易しい教材にもどるのです。「小学三年生の漢字が難しければ、一、二年生の漢字にもどる」といったようにです。

楽器の練習の場合も、難易度順に並《なら》んでいる練習曲の前の方の易しい曲にもどればよいのです。音楽教育家の大村典子《おおむらのりこ》は、ピアノの楽譜《がくふ》を読み取る能力の弱い生徒にはつぎのような練習をさせると書いています。


自力で譜《ふ》を読むことをしなかった子どもは非常に読譜《どくふ》が遅《おそ》い。……私は……後戻りして易しいものから入り、停滞《ていたい》させずに一気にいろいろな楽譜に当らせ読譜のコツをのみこませる。……曲を数やっている内に音符《おんぷ》の並《なら》び方やしくみが次第に分りだし、目線がどんどん速くなって数小節を一度に読みとれる力がつく。（大村典子『ヤル気を引き出すピアノのレッスン』音《おん》楽之友社《がくのともしゃ》、一九八二年）

資格試験の勉強では、合格をめざす「級」（たとえば二級）向けの問題集は後まわしにして、それよりも易しい級（三級や四級）向けの問題集にまず取り組むのです。それをしておけば、後でめざす級向けの難しい問題集に取り組んだときには、思いもしなかったようなスムーズさでそれをマスターできることになります。ちょうど、小学一、二年生の漢字にいったんもどっておけば、三年生の漢字はほとんど何の苦労もなしにすませられるようにです。

苦しいときの教科書だのみ

また専門書レベルの勉強をしようとする場合には、専門書に取り組む前に、学校の教科書でその分野の基本的で易しいことをまずよく勉強しておくのです。ＳＦ作家の小松左京《こまつさきょう》は、『日本沈《にほんちん》没《ぼつ》』という小説を書くときの地学の勉強は、専門書からではなく学校の教科書から入ったとつぎのように書いています。

> 『日本沈没』の構想を得たとき、一番悩《なや》んだのはどうすれば日本列島を沈没させられるかということでした。……ＳＦというのは、新しい科学情報を正確に盛《も》り込《こ》まなければいけません。……当時の私には、日本は地震《じしん》大国だとか、日本列島はもともと大陸と陸続きだったものがだんだん離《はな》れてきた、といった程度の知識しかありませんでした。……いきなり地学や地球物理学の専門書を読んでもしようがありませんから、まず弟たちが使っていた地学の

教科書からはいりました。(小松左京「私流・情報活用術」、『武器としての情報活用』(パシフィカ)所収、一九八二年)

キヤノン株式会社で技術開発にたずさわった酒巻久《さかまきひさし》も、勉強は、専門書からではなく学校の教科書から始めることをつぎのように勧めています。

大人になってから基礎的《きそてき》な勉強をし直すには、「高校の教科書」が最適だ。

私はキヤノンに入社後、大学の工学部を出ていながら、電気や物理、化学などの基礎《きそ》ができていないことを痛感した。そこで、工業高校の教科書を入手して読み直し、改めて勉強し直した。

実は、高校の教科書レベルの基礎的《きそてき》なことがわかっていれば、世の中の仕事はたいてい何とかなる。我々のようなメーカーの開発部門でも、高校の電気や物理、化学などをきちんと理解していれば、十分やっていけるものなのだ。だから、私が開発部門にいたときは、部下の育成のために、必ず高校の教科書でもう一度勉強させた。……

何かを勉強しようと思ったとき、すぐにその分野の専門的な書籍《しょせき》に手を伸《の》ばす人がいるが、それはやめたほうがいい。(酒巻久『朝イチでメールは読むな!』朝日新書、二〇一〇年)

私は大学では機械工学を専攻《せんこう》したのですが、その授業内容のほとんどはぼんやりとしか理解できませんでした。そのためいつも、授業がわかるようになるための参考書を図書館や書店で探してばかりいました。しかし結局、そのような参考書は見つかりませんでした。

今考えると簡単なことだったのです。それは、大学の機械工学の内容を理解するためには、同じ機械工学という分野の教材で、前の方の易しいものにもどればよかったのです。つまり、工業高校の機械工学の教科書を勉強すればよかったのです。ところが、「易しい教材にいったんもどる」という発想がなかったことや、ふつうの書店には高校の教科書を置いていなかったことなどのため、それを使うことを思いつきませんでした。そのため、大学は一応卒業したものの、機械工学についてはわかったようなわからないようなといった、実に頼《たよ》りない理解で終わってしまったのです。

大学生や社会人が簿記《ぼき》の勉強をする場合には、同じように、商業高校の簿記《ぼき》の教科書から始めてみるとよいかもしれません。初心者向けのよい参考書はないかと探してみてもなかなかよいものが見つからないときには、「苦しいときの教科書だのみ」をしてみるのです。

子ども用・ジュニア用の教材の利用

また子ども用・ジュニア用の教材も、難しい教材に取り組む前にいったん見ておくと便利です。酒巻は、高校の教科書に加え、子ども用の本の利用もつぎのように勧めています。

高校の教科書にないようなジャンルの勉強をするときは、子ども向けに書かれた、その分野のやさしい入門書から入るといい。

たとえば、私が80年代に環境《かんきょう》経営の勉強を始めたときは、日本に適当な本がなかったので、最初は環境《かんきょう》問題について英語やドイツ語で書かれた外国の子ども向けの入門書を利用した。子ども向けなので、英語はそれほど難しくないし、ドイツ語も辞書を片手に読めば何とかなった。……

とにかく大事なことは、どのような分野であれ、まずは子ども向けの入門書で基礎の基礎を学ぶことだ。「そんなことはわかっているから」と基礎の基礎を飛ばしてしまって、いきなり難しいことを覚えようとすると、たいてい勉強は失敗する。（同前書）

国会図書館の主査をしていた服部一敏《はっとりかずとし》も、百科事典の使い方として、子ども用の学習百科をまず読んでみることをつぎのように勧めています。

『日本人とユダヤ人』の著者で幅広《はばひろ》い学識をもって知られる評論家の山本七平《やまもとしちへい》氏は、未知のテーマで系統的に読書を進めるには、子ども用の本からしだいに程度の高いものへと移行するのがいいとおっしゃっていますが、辞書で未知の分野のことを調べるときにも、まったく同じことが言えます。

まず、子ども用の学習百科を読むと、大まかですが全体的な把握《はあく》ができます。比喩《ひゆ》などで、本質的な問題をわかりやすく伝えるよう工夫もされています。……そのうえで大人用を読むと理解がまったく違《ちが》います。（服部一敏『辞書とつきあう法』ごま書房、一九七九年）

子ども用の学習百科は、私が学生時代に家庭教師をしていた中学生の部屋に置いてあったので見せてもらったことがあります。高校時代の苦手分野を読んでみると、一つひとつの説明があまりにも完璧《かんぺき》に頭に入ってくるので、「高校時代の、いくら頭をひねっても理解できなかった勉強はいったい何だったのだろうか」とショックを受けたことを覚えています。

弱い相手との練習

またスポーツの場合であれば、練習相手が一種の教材になります。すなわち、強い相手はレベルの高い教材で、弱い相手はレベルの低い教材です。そして、練習の目的はあくまでも強い相手に勝てるようになることですが、その目的を達成するための方法は、今の自分の能力でも十分に通用する弱い相手と練習して能力の不十分さの解消をするのです。

小さな体で横綱《よこづな》になった初代若乃花《わかのはな》（一九二八―二〇一〇）が、引退後にテレビで話をしているのを聴《き》いたことがあります。テレビで聴《き》いただけなので不正確なところもありますが、それはおよそつぎのような内容でした。すなわち、彼《かれ》はこれから大関、横綱をねらおうという時期に何か決定的な武器になる技《わざ》がほしいと思い、投げの稽古《けいこ》を始めたのです。しかし、最初は自分と同じくらいの番付《ばんづけ》の力士にも彼《かれ》の投げの技は通用しなかったそうです。そこで、自分の技でも十分に通用する、番付がずっと下の、たしか十両の下の方の人を相手に投げの稽古《けいこ》をたくさんやっていったのです。そうすると徐々《じょじょ》に力がついてきて、もう少し番付が上の人も投げられるようになってきたので、今度はそのレベルの人たちと稽古《けいこ》をしていき、ついには大関、横綱《よこづな》にも通用する投げの技を手に入れたというのです。

このように若乃花は、通用しない強い相手（レベルの高い教材）はいったん後まわしにして、自分の力でも十分通用するところまで教材のレベルを下げたのです。そして、そのできるレベルの教材で稽古《けいこ》をしていると徐々《じょじょ》に力がついてきて（能力の不十分さが解消されてきて）通用するレベルも上がってきたので、それに従って相手（教材）のレベルも上げていったのです。

以上のように、同じ分野に難易度のちがう教材がそろっている場合には、それらのなかからレベルを下げた易しい教材を選べばよいのです。

第四節　難易度のちがう教材がない場合

それでは難易度のちがう教材が同じ分野にない場合には、《ポイントその一：教材のレベルを下げる》はどのように行えばよいのでしょうか。

その場合には、できない教材に代わる易しい教材がないわけですから、そのできない教材をもとにしてできる教材（トレーニングメニュー）を自分で作るほかありません。すなわち、そのできない教材の難易度を下げることで、それをできる教材に作り直すのです。そうすることで、「同じ分野のレベルを下げた教材」を作るのです。

その作り直し方にはいろいろな方法がありますので、つぎにそれを見ていくことにします。

スピードを落としてできる教材にする

できない教材の難易度を下げる方法の一つに、「スピードを落とす」というものがあります。

バイオリン教育で世界的に有名な鈴木《すずき》鎮一《しんいち》（一八九八―一九九八）は、バイオリン曲のある特定の箇所《かしょ》をどうしても速いスピードで弾《ひ》けない生徒につぎのような指導をしたと書いています。

「きょうから、その速くひくところを、ゆっくり、ていねいに、くり返しくり返し三日間練習する。四日めにすこし速くして二日間。そして六日めに速くひいてみるのです。」

彼女《かのじょ》はわたしのアドバイスどおりの練習をしました。そしてそれから一週間めのレッスンのときには、文句のないスピードで、りっぱに演奏できたのでした。（鈴木鎮一『愛に生きる――才能は生まれつきではない』講談社現代新書、一九六六年）

つまり、楽譜《がくふ》の特定の箇所《かしょ》を速いスピードで弾《ひ》くことができないのですから、「スピードを落とす」という形でその箇所《かしょ》の難易度をできるレベルにまで下げたのです。そして、そのいわば作り直したできる教材（トレーニングメニュー）で練習を行っていると、それによって、それまでできなかった高いレベル（つまり速いスピード）でもその箇所《かしょ》を弾《ひ》くことができるようになったのです。

また、文章の内容が難しくてよく理解できない場合にも、その文章をスピードを落としてゆっくり読んでみると、理解できるようになることがあります。同じ文章でも、読むスピードを落とすことで、その難易度を自分が理解できるレベルにまで下げられるのです。

高校で英語の先生をしている人から、英語がどうして得意になったのかを聞いたことがあります。その人は高校時代に英文の音読をするさい、速いスピードでしても意味がよくとれないままただ口をパクパクさせる体操にしかならないと思い、意味をとれるところまでスピードを落としてそれをしたというのです。そうすると、それからは英語が得意になったということでした。

　このように、教材のレベルを下げる方法の一つに、「スピードを落とす」というものがあります。ただし、それを行うさいには注意しておかなければならないことが一つあります。それは、あまりにもスピードを落としすぎると（つまり、スローモーションではなく超スローモーションにまでスピードを落としてしまうと）、教材の難易度のレベルを下げるどころか、逆にそれを上げてしまう場合もあるということです。それはちょうど、自転車を極端《きょくたん》にゆっくり走らせるとかえってバランスをとるのが難しくなるようなものです。スピードを落とすといっても、「難易度を下げる」という観点からその加減をはからなければなりません。そしてそれは、「体や気持ちが十分な余裕《よゆう》をもってそれを行える」といったスピードであり、「ふつうに行うよりも少しゆっくり」（たとえば六割から八割のスピード）といった程度ではないでしょうか。

厚くしてできる教材にする

　リンゴの皮むきを子どもに練習させる場合には、どのようにすればよいのでしょうか。

　リンゴの皮むきをできない子どもには、やはりリンゴの皮を実際にむかせてその練習をさせなければなりません。しかしそれを、できないレベルではなく、その難易度をできるレベルにまで下げたトレーニングメニューでさせなければならないのです。それでは、どのようにしてリンゴの皮をむくことのレベルを下げればよいのでしょうか。

それは、皮だけでなく果肉もぶ厚く切り取り、大げさにいえばほとんど芯《しん》しか残らないような低くて下手なレベル（つまり、子どもにとってのできるレベル）でリンゴの皮をむかせるのです。そして、そういったレベルで練習をさせているとしだいに切り取る果肉の部分も少なくなってきて、気がついたときには、薄《うす》く皮だけをむくという、以前はできなかった高いレベルでそれができるようになっているのです。

大きくしてできる教材にする

洋服のボタンをかける練習を子どもにさせる場合には、どうすればよいのでしょうか。子どもができないからといってそれを大人が代わりにしてあげていると、いつまでたっても子どもにその能力がつきません。やはり子ども自身にボタンをかける練習をさせなければならないのです。

それではどのようにして、ボタンをかけることの難易度を、子どもができるレベルにまで下げればよいのでしょうか。

そのためには、小さなボタンを大きなボタンに変えるのです。そうすれば、手先がまだ不器用な子どもでもすぐにボタンをかけることができるので、それを行わせていると、気がついたときには、以前はできなかった小さなボタン（つまり高いレベル）でそれができるようになっているのです。

距離を近くしてできる教材にする

野球のピッチャーがコントロールをつけたいと思ったら、どのような練習をすればよいのでしょうか。

ねらったところにボールを投げることができるようになるためには、やはりねらったところにボールを投げる練習をしなければなりません。しかしそれを行うことが、ピッチャーマウンドからキャッチャーの位置までのような遠い距離ではできないのであれば、ねらう目標をもっと近い距離に置くことで、その難易度をできるレベルにまで下げればよいのです。そのようにして、できるレベルでねらったところにボールを投げる練習をしていると、徐々《じょじょ》にその能力がついてきて、もう少し遠い距離《きょり》でもねらったところに投げられるようになります。そうなれば目標をその少し遠いところに変えてまた練習をし、最終的には、初めはとてもねらい通りに投げられなかったような遠い距離《きょり》でもねらったところに投げられるようにするのです。

人によっては、「遠い距離《きょり》で練習すればそれよりも近いところは簡単に当てられるようになるだろう」と考え、逆に目標を遠くに置いて（つまり難易度をわざわざ上げて）練習をするのかもしれません。しかし、トレーニングメニューをそのようにできないレベルに上げたのではできかたの不十分さの解消がしにくくなるので、能力をつけることはかえって難しくなるのです。

プロ野球で西鉄ライオンズの黄金時代を築いたピッチャーの稲尾和久《いなおかずひさ》（一九三七―二〇〇七）

は抜群《ばつぐん》のコントロールを誇っていましたが、彼《かれ》は、「おれはミットに向かって投げたことはない。近いところに目標を作って投げていた」（『日本経済新聞』一九八五年二月二十七日）といい、若い投手にも近い距離《きょり》の的に向かって投げる練習をさせていたのです。

補助してできる教材にする

足が動かなくなったお年寄りは、どのような練習をすれば再び足が動くようになるのでしょうか。

発明学会の平井工《ひらいたくみ》は、「校長先生の逆発想　家庭用リハビリ器」という記事で、山本博康《やまもとひろやす》の発明したリハビリ器の紹介《しょうかい》をしています。

歩くことも立つことさえもできなくなったときは、どのようにリハビリしたらよいのでしょうか。……元小学校校長の山本博康さんは、足がマヒして動けなくなった83才のお母さんを自宅で介護《かいご》することになり、この難問に直面したのです。……ここで山本先生が考えたのは、「患者《かんじゃ》が手足でリハビリの機械を動かすことができないのなら、機械に患者《かんじゃ》の手足を動かさせてリハビリさせよう」ということでした。つまり、逆発想です。

そして開発したのは、モーターでペダルを動かして自転車こぎをする機械です。患者《かんじゃ》は寝《ね》たままで足をペダルに固定し、ペダルはモーターで自動的に回転する仕組みです。自転車こぎ運動を続けているうちに、衰《おとろ》えた脚力や筋力が自然と回復する、というものです。とくに寝《ね》たままだから、足や腰《こし》に体重の負担がかからないのです。だから寝《ね》たきりの患者《かんじゃ》にも、リハビリができるわけです。……

山本さんのお母さんは……、毎食後30分の運動を繰《く》り返しました。すると3週間目には、それまで足がまったく動かなかったのに、自力で回転できるほど回復し、家族みんなが大喜びでした。そして1か月後には自分で歩けるようになったのです。(『子供の科学』一九九七年十二月号、誠文堂新光社)

外科手術などが必要な場合は別として、長いあいだ足を動かさなかったため足が動かなくなっている人は、やはり足を動かす練習をしなければ足が動くようにはなりません。

しかし、足の動かない人が無理に歩いて足を動かそうとすれば、ふつうは大変な困難や苦痛をともないます。そのようなときには、周囲が「がんばって!」と励《はげ》まして、無理に歩かせようとするのかもしれません。つまり、足を動かすことを、その難易度を下げずにできないレベルのままで行わせようとするのです。

それに対して山本は、モーターの力で補助をして、その難易度を本人ができるレベルにまで下げたのです。そうしてそのレベルで足を動かすことを行わせた結果、それまでできなかったレベルで足を動かすこと(すなわち立って歩くこと)もできるようになったのです。

短くしてできる教材にする

長い文章を書けない人は、どのような練習をすればよいのでしょうか。

文章を書けるようになるためには、やはり文章を書く練習をしなければなりません。しかし、長い文章を書くことができないのであれば、短い文章を書くという形でその難易度を下げて練習をすればよいのです。ある大学生は、小学生のときに先生から受けた指導についてつぎのように説明してくれました。

私は小学生の時、読書感想文が苦手でした。それを先生に相談したら、「毎日、二行くらいでよいから日記を書いてみて」といわれました。いわれた通りに続けると、いつの間にか文を書くのが当たり前になり、そのうち二泊《はく》三日の修学旅行のことを書いた時には、六千字もの文章を書いていました。それ以来、文章を書くのは苦手ではなくなりました。

できるレベルで文章を書くことをしていたら、気がついたときには、以前はできなかったレベルでそれをすることができるようになっていたのです。

拡大コピーしてできる教材にする

教員採用試験のための問題集に取り組んでいた大学生が、その勉強がどうしても進まないといって私のところに相談に来たことがあります。

教員採用試験向けの問題集には難易度別のものがないため、易しい問題集に変えさせることはできませんでした。そこで、今している問題集をもってくるようにいい、それを全部拡大コピーして（つまり文字を大きくして）、そのコピーしたもので勉強するよう指導しました。

すると、しばらくしてその学生が狐《きつね》につままれたような表情でやって来て、「全部終わりました」というのです。もとの問題集と、それをコピーしたものの内容はもちろん同じです。しかし、文字を大きくしたことで教材に取り組むさいの肉体的負担が減って難易度が下がったため、それまでまったく進まなかった勉強があっさりすんだのです。

その問題集の内容そのものが学生にとって手も足も出ないレベルのものであったのなら、いくら文字を大きくしたからといって、それだけですぐにできるようになるはずはありません。

しかし、内容はもともとできるレベルであるのに、文字の小ささが肉体的負担となってその教材のトータルな難易度を上げている場合もあります。たとえば十キロの道を歩くという、本来は簡単にできるはずのことも、足に、もち上げるのも難しいような鉄の重りをつけているとなかなか簡単にはできません。文字が小さいというのは足に重りをつけているようなものであり、文字を大きくするというのはその重りを外すようなことなのです。重りを外しさえすれば、もともと十キロの道を歩ける人は、すぐに簡単にその距離《きょり》を歩けてしまうのです。

数学が苦手で苦労していた高校生に、している問題集を拡大コピーして学習するよう勧めたことがあります。しかし、「内容は同じじゃないですか」といって、最初はその効果をまったく信用してくれませんでした。そこで、私の方で彼《かれ》がいま学習しているところを拡大コピーして、それを渡して、これで学習するようにとほぼ強制しました。そのため彼《かれ》もしかたなくその拡大コピーしたものでしばらくしていたのですが、あるとき友だちから、「この問題について教えてくれ」と、もとの問題集を広げていわれたそうです。それを見て、「うわー、もとはこんな小さな字でしていたのか。見る気がしない」と、拡大コピーがいかに体に負担がかからないものであるのかをようやく実感してくれたのです。

時間や量、回数を少なくして教材の難易度を下げる

同じ教材をするにしても、練習や学習を行う時間の長短や、こなす教材の量や回数の多少で、その難易度は変わってきます。ピアノの初心者にとっては、いかに易しい曲を選んでも、ベテランのピアニストとちがい、三時間も四時間もピアノを弾《ひ》き続けたり、その曲を一度に何十回もくり返し練習することは、能力を超《こ》えているできないことなのです。したがって、《教材のレベルを下げる》を実行することのなかには、練習や学習の時間、またこなす教材の量や回数を、能力

を超《こ》えないように短く、あるいは少なくすることも含《ふく》めておかなければなりません。

しかし、能力を伸《の》ばすためには、ある程度の時間、量、回数は必要です。それではそのことと、練習や学習の時間を短くしたり、こなす教材の量や回数を少なくすることとは、どのように両立させればよいのでしょうか。

そのためにはインターバル（練習と練習のあいだの休憩《きゅうけい》）を多くとることをすればよいのです。すなわち、練習を少し行ってはすぐに中断して休憩《きゅうけい》をとり、また少し行ってはすぐに休憩《きゅうけい》をとるというようにです。そうすれば、一回の時間や、一回にこなす量や回数は、能力を超《こ》えない短かさや少なさで打ち切りながらも、全体としてはある一定の時間、量、回数を確保できるのです。

もしも、教材の難易度は十分に下げてできるレベルにしたつもりなのに能力が思うように伸《の》びないということがあれば、時間が長すぎたり量や回数が多すぎるのではないか、またインターバルが少ないのではないかといった点を見直してみる必要があります。時間、量、回数の確保にばかり熱心で、それらを短くしたり少なくしたりすることを忘れていると、その点で教材をできないレベルのものにしている可能性があるからです。

「物理量や数量化できるものを変えてみる」という視点

以上見てきたように、難易度のちがう教材がない場合のできる教材の作り方は、コロンブスの卵のように、後から聞けば何ということはないものばかりです。しかし、実際の練習や学習の場で臨機応変《りんきおうへん》に適切な方法を思いつくことは、なかなか難しいかもしれません。それはまさにノウハウの問題だからです。

しかし、その方法を探す手がかりはあります。それは「物理量や数量化できるものを変えてみる」ということです。たとえば、今見てきた方法もそれを行っているのです。

一、スピードが速いものは遅くする。（音楽の練習や英文の音読）
一、薄いものは厚くする。（リンゴの皮をむく練習）
一、小さいものは大きくする。（ボタンをかける練習や拡大コピー）
一、長いものは短くする。（文章を書く練習）
一、重いものは軽くする。（足のリハビリでの補助力）
一、遠いものは近くする。（投球のコントロールをつける練習）
一、練習時間の長いものは短くする。
一、こなす教材の量や回数の多いものは少なくする。

こういった、スピード、厚さ、大きさ、長さ、重さ、距離《きょり》、時間、量、回数といった物理量や数量化できるものを変えてみると、教材の難易度をうまく下げられる場合が多いのです。

小沢征爾《おざわせいじ》など世界的に活躍《かつやく》する指揮者を多く育てた斎藤秀雄《さいとうひでお》（一九〇二—一九七四）の指導に

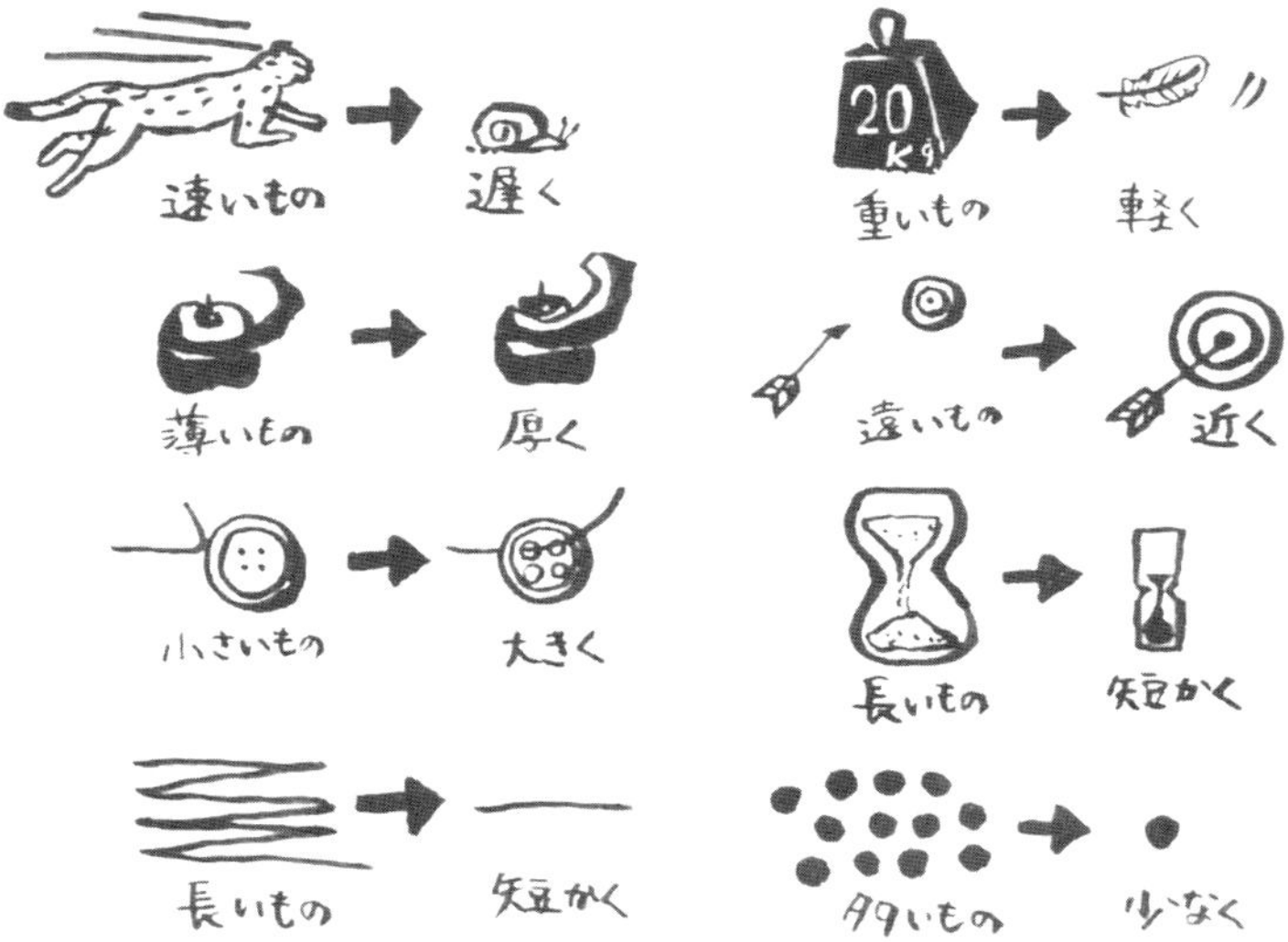

ついて、彼《かれ》の教え子の一人である飯守泰次郎《いいもりたいじろう》はつぎのように語っています。

> どういう演奏をしたいのか。その意思を確固として持つ。その上で自分の意思を〔オーケストラの〕楽員にどうやって伝えるかという技術を徹底的《てっていてき》に教わりました。その一つが……具体性。つまり、「ここは愛の場面ですからもっと愛を感じて」といった抽象的《ちゅうしょうてき》な表現ではなく、「ここは長く、ここは短く」あるいは「ここは強く、ここは弱く」といったように徹頭徹尾《てっとうてつび》、具体的な指示を出すべきだと教わりました。僕はどちらかと言うと、現実的ではなく夢《ゆめ》を見る質《たち》でしたから、よく叱《しか》られました。（「作曲家の求めたる音楽を限りなく追い求める」、『致知《ちち》』二〇一四年四月号）

練習や学習の方法についても、「がんばり」などといった心理的な面から考えるのではなく、斎藤のように、「長く、短く、強く、弱く」といった教材の物理量や数量化できるものに着目し、それらを変えることを工夫してみるべきでしょう。

第五節　レベルの下げ惜《お》しみの克服《こくふく》

「冗談《じょうだん》ではないか」「ばかばかしい」「まったくむだだ」が有効

しかし、《ポイントその一：教材のレベルを下げる》を実行しても、期待したようなあざやかな成果が出ない場合もあります。

そのようなときには、レベルの下げ惜《お》しみが原因になっていることが多いようです。つまり、教材のレベルを下げてはみたものの、その下げ方が中途半端《ちゅうとはんぱ》で教材がまだほんとうにできるレベルにまで下がっていないため、それがあざやかな成果を出すことをさまたげているのです。

なぜそのようなレベルの下げ惜《お》しみをするのかというと、「教材を早く進めたい」という気持ちが働くからです。つまり、教材を進めるというのは教材のレベルを上げることなので、そういった気持ちが少しでも働くと、教材のレベルを下げることにはどうしても心理的な抵抗を覚えるのです。そのため、教材のレベルを下げるにしても、「この程度、下げれば十分だろう」と考え、ついついその下げ幅《はば》を最小限にとどめてしまうのです。

そのようなレベルの下げ惜《お》しみを克服《こくふく》するためには、いったん、「冗談《じょうだん》ではないか」「ばかばかしい」「まったくむだだ」と感じられるほど極端《きょくたん》に思い切ってレベルを下げてみることが有効です。なぜなら、そこまでしてようやく教材が「ほんとうによくできるレベル」になることが多く、そうならなければあざやかな成果もなかなか出ないからです。

私も、漢字の書き取りが苦手な小学三年生に一年生の漢字から書かせてみようかと最初に考えたときには（第二節）、「いくら何でも、『一』『二』から書かせるのはばかばかしい。そこまで易しいレベルにもどるのはむだではないか」と思いました。しかしすぐに、「ばかばかしいとかむだではないかと思うのであれば、この方法はうまくいくだろう」と考え直したのです。

このことを算数に応用して、知り合いの大学生にアドバイスをしたことがあります。彼《かれ》は小学四年生の算数の家庭教師を引き受けたのですが、最初に教えに行ったときに算数の試験の成績を見せてもらうと、二十点か三十点ほどしかとれていなかったそうです。そこまで成績が悪いとは予想していなかったので、「どう指導したらよいでしょうか」と私のところに相談に来たのです。

そこで彼《かれ》に、「冗談《じょうだん》ではないか」「ばかばかしい」「まったくむだだ」と感じられるほど極端《きょくたん》にレベルを下げた教材にまでいったんもどってみるようアドバイスしました。算数でのそのような教材とは、小学校で最初に習う「一桁《けた》＋一桁《けた》」の足し算であり、またそれと同じような引き算、掛《か》け算、割り算です。「小学校四年の算数は学校で習っているのだから、とにかく最初の一週間はそういった計算だけを集中的に宿題としてさせてみなさい」とアドバイスしました。

その大学生は早速、自分で教材を作り、つぎに家庭教師に行ったとき、それを一日に五枚程度するよう与《あた》えてきたそうです。そこで私は彼《かれ》につぎのような予想をいっておきました。それは、「小学校四年程度の算数であれば、その宿題を一週間きちんとしただけで、つぎの週に家庭教師に行ったときには算数はもう得意科目になっているかもしれない。そのときにその小学生は、自分は小学校に入ったときから算数は得意だったような顔をして、『私は算数はできるんですけど、社会ができなくて』といったようなことをいうだろう」と。

すると、つぎに家庭教師に行った日に彼《かれ》から電話がかかってきて、「その小学生は先生の予想通りのことをいいました。ただ、できないといった科目が社会ではなく理科でした」というのです。算数は学校の宿題も自分で九割以上すらすらと解けるようになっていて、算数はもともと得意科目のような顔をやはりしていたそうです。この例なども、それ以上もどれないというばかばかしいほど易しいレベルにまでいったんもどったので、簡単に成果が出たのです。

高く登るには後にもどり助走して勢いをつける

学生時代に友人の自動車で山に行ったことがあります。途中《とちゅう》で傾斜《けいしゃ》がひどく急な坂に行き当たりました。古い軽自動車でエンジンが小さな上に四人乗っていたため、とても登れそうにはありませんでした。同乗していた私たちは車を軽くするために「降りようか」といったのですが、運転していた友人はわれわれを乗せたまま、そこに来るまでの平坦《へいたん》な道をできるだけ後もどりしたのです。そうしてそこからスピードをつけていっきにその坂を登り切りました。拍手喝采《はくしゅかっさい》でした。坂の途中《とちゅう》で青息吐息《といき》、立ち往生するより、いったん十分に後もどりして勢いをつけた方がよほど早かったのです。教材のレベルを思い切って極端《きょくたん》に下げた場合も、だいたいこれと似たような感じで、それまで難しいと感じていたところも難なくいっきに突破《とっぱ》できることが多いのです。

たとえば数学の不得意な中学三年生が小学校三年の算数にまでもどったとします。そうすると友だちから六学年分も遅《おく》れ、さらに自分が小学校の教材をしているあいだに友だちは中学校の教材をさらに進めているため、「いつまでたっても追いつけない」と思うかもしれません。しかし、小学生が小学校の教材をするのであれば一学年分をすませるのに一年かかるでしょうが、中学生が小学校の教材を復習するのですから、一学年分は一週間かかるかかからないほどですんでしまいます。そのため、中学校の教材をしている友だちにもそれほど時間がかからずに追いついてきます。坂道を軽自動車で登ることにたとえれば、教材を六学年分後もどりさせた当初は坂を登っている友だちから遥《はる》かに遅《おく》れて彼《かれ》らの姿もいったんは見えなくなりますが、すぐにその背中も見えてくるのです。

それではその後、友だちの集団に追いつくのかというと、実際にはそのようなことはあまり起きません。というのも、そのように思い切って教材のレベルを下げた場合には、前を行く集団の背中が見えたと思ったら、つぎに気がついたときにはその集団を追い越《こ》していることがほとんどだからです。坂道を苦労しながら登っている友だちのスピードと、十分に後もどりして勢いをつけてきたスピードではずいぶんと差があるため、当初はとても追いつけないと思うほど差が開いていても、逆に追い越《こ》してしまうのです。ただしそうなるためには、教材のレベルをいったんは、「冗談《じょうだん》ではないか」「ばかばかしい」「まったくむだだ」と感じられるほど極端に下げなければならないのです。

この、「中学三年生が小学校三年の算数にまでもどる」という話を聞いた高校生が、「そうか、教材をもどすといっても、高校の範囲内《はんいない》だけでなく、中学校の教材にまでもどしてよいのか」と思いつき、国語でそれをしてみたそうです。すなわち、自分が中学時代に使っていた教材のなかからよさそうなものを選び、それをもう一度やり直してみたというのです。そうするとそれからは、国語の成績も大きく上がったということでした。

私も高校時代、国語の学習のしかたがわからずに苦労しました。漢字を覚えるといったことではなく、文章の読解力を上げるためにはどうすればよいのかがわからなかったのです。先生にも聞きに行きましたが、個々のテクニックのようなことは説明してくれても、「なるほど、そのように勉強すればよいのか」と納得できるような学習の方法は教えてもらえませんでした。しかし、その高校生がしたように、今の自分の読解力でも十分に余裕《よゆう》をもって理解できるようなところまで一度思い切って教材のレベルを下げてそれに取り組めばよかったのです。

「ほっとする感じ」まで下げる

ともかくも、教材のレベルはこのようによほど思い切って下げてみなければ、なかなかほんとうにできるレベルにはなりません。しかし、教材がそのほんとうにというレベルにまでなっているのかどうかを見きわめるチェックポイントはあるのでしょうか。

それは、練習や学習を行う本人が、体全体で「ほっとする感じ」をもてるかどうかだと思います。レベルの下げ方が中途半端《ちゅうとはんぱ》な場合にはその感じはもてません。しかし、思い切って教材のレベルを下げてみると、「あー、この教材だったら楽に取り組める」というように、体全体でほっとする感じをもてるのです。教材は、そういった感じをもてるところまでレベルを下げなければなりません。難易度の低い教材を選ぶにしても、スピードや距離《きょり》などの物理量や数量化できるものを変えるにしても、成果が出るところまできちんとレベルを下げたかどうかは、この「ほっとする感じ」をもてるかどうかが一つのチェックポイントになるのです。

私も高校時代、数学の参考書でそのような感じをもてるものに出合っていました。しかし当時は、「まえがき」にも書いたように、「易しい教材をやってもしかたがない。難しい教材に取り組まなければ能力は伸《の》びない」と思い込《こ》んでいたため、「こういった参考書をしていいのであれば楽《らく》で楽《たの》しいけれど、高いレベルをねらうためにはそうもいかないからな」と考え、別の難しい参考書に取り組んだのです。

しかし実際には逆で、そういった「ほっとする感じ」をもてる教材に取り組んでいれば成績も苦労せずに大きく上がっていたのです。今でも、その参考書を見たときの体全体がほっとする感じは覚えていますし、それだけに、「もったいないことをしたな」と残念に思っています。

前にも書いた、漢字の書き取りの指導をした小学三年生の場合も、私が「一年生の漢字から五回ずつ書いていってごらん」といったとき、その子が体全体で、「そんなに簡単なことなら」と、ほっとする感じを出しました。それを見て、これはうまくいくだろうと思ったのです。

また、拡大コピーという方法を私が思いついたのも、中学生のときの、ほっとする感じをもったつぎの経験があったからです。

それは、三年生になったときに学校で買わされた高校受験用の問題集についての経験です。その問題集には何度も取りかかってみたのですが、どうもする気になれず、先生からはまったくしていないことをいつも叱《しか》られてばかりいました。そのようにしてその問題集にはうまく取り組めずにいたのですが、年が明けたころ、高校入試の本番に備えてというので、過去の入試問題を入試のときと同じ体裁に複製したもので解かされる機会がありました。すると、そこに印刷されていた文字が、できずにいた問題集の二倍もあるかといった大きさだったのです。「子ども用の絵本の字だろうか」という印象をもつほどの、笑ってしまうような大きさでした。そのとき、「入試本番はこんな大きな字でやるのか。これなら楽だ」と体全体でほっとする感じをもち、それと同時に、「問題集もこんな大きな字だったらできたのに」と思いました。この経験から、勉強がなかなか進まない人には拡大コピーを勧めるようになったのです。

ばかにされるようなら「しめた！」と思おう

なお、思い切ってレベルを下げた教材に取り組むさいに忘れてはならないことが一つあります。それは、その教材を周囲の人（先生、親、友だち）に見せてはならないということです。そういった教材を見られてしまうと、多くの場合（あるいは、ほとんどの場合）、「そんなに易しいことをやっているのか」とばかにされたり、「むだだからやめなさい」といわれてしまいます。そのため、そういった教材は決して人に見られないよう隠《かく》れてしなければならないのです。

前節で書いた、拡大コピーで勉強するようにと勧めた高校生も、学校でその拡大コピーしたものを友だちから見られ、「お前は老眼か」といってばかにされたそうです。

しかし逆にいえば、そういってばかにされたりむだといわれたら、「これは非常に効果的な教材を見つけたのかもしれない」と期待してもよいのです。

ある高校生は英語の点数が学年の平均点もとれない状態だったので、かよっていた塾の先生から、「お前なんか、中学校の教材をした方がいいぞ」とばかにされて笑いながらいわれたそうです。ところがその高校生はそれを真《ま》に受け、それから一カ月ほどかけて中学校の英語の教材を勉強し直したところ、学年の成績上位者に毎回名前が出るようになったのです。

このように、人がばかにしたり冗談だと思うようなレベルの低い教材こそが能力を伸《の》ばす宝の山であることが多いのです。したがって、つまらない見栄《みえ》や体裁は捨てて、そういった教材こそ大切にしなければなりません。

なお、「冗談《じょうだん》ではないか」「ばかばかしい」「まったくむだだ」と感じられるほど極端《きょくたん》にレベルを下げた教材とは、別の角度からいえば、「基礎《きそ》の基礎《きそ》」ということでもあります。前々節で引用したように、酒巻久は、「『そんなことはわかっているから』と基礎《きそ》の基礎《きそ》を飛ばしてしまって、いきなり難しいことを覚えようとすると、たいてい勉強は失敗する」と書いています。いったん思い切って「基礎《きそ》の基礎《きそ》」にまで教材をもどしてみると、後はどんな坂道もいっきに登れ、それまで自分より前に行っていた友だちもかえって簡単に追い越《こ》してしまうのです。

この、「基礎《きそ》の基礎《きそ》」という点からして、学習のさいに中学生や高校生が忘れてはならないのが教科書の大切さです。彼《かれ》らのなかには、「入学試験では教科書に書いてあるような基礎的《きそてき》なことは出題されないから」といって、教科書はしないで受験参考書ばかりを勉強している人がいます。そういった人のなかには、教科書に沿って行われる授業は聴《き》かず、その時間、先生に隠《かく》れて受験参考書を勉強しているような人までいます。

しかし、教科書で説明してある基礎的《きそてき》なことを踏《ふ》まえないまま入学試験向けの受験参考書に取り組んでしまうと、個々の知識やテクニックを脈絡《みゃくらく》もなくかき集めて丸暗記するような学習になってしまいます。教科書に説明してある基礎《きそ》の基礎《きそ》を一度きちんとていねいに学習することは、目の前の傾斜《けいしゃ》の急な坂道をいっきに登るためそこに来るまでの平坦《へいたん》な道をできるだけ後もどりするようなことなのです。

第六節　劣等生《れっとうせい》の工夫

不得意な者こそ幸福《さいわい》なるかな

また、自分の能力に対して甘《あま》い期待をもっていると、教材のレベルを十分に下げることは難しくなります。「自分の能力はそんなに低いレベルの教材を選ばなければならないほど低くはない」と考え、どうしてもレベルの下げ惜《お》しみをしてしまうからです。

そういった甘《あま》い期待を捨てることは、たとえば勉強の得意科目では難しいかもしれません。しかし、不得意科目ではそのようなものはすでに木《こ》っ端《ぱ》みじんに打ちくだかれているので、かえって教材のレベルを十分に低いところまで下げやすいのです。そのため、不得意科目こそ得意科目では出せないような成果を逆に出しやすいということもあります。

不得意科目についてつぎのような体験を書いてくれた人がいます。

高校時代に、不得意科目を克服《こくふく》しようとしたが、授業には全くついていけずに途方《とほう》に暮《く》れた。どうしようもなかったので、教科書の一番簡単な所から、馬鹿《ばか》らしく感じられる所も馬《ば》鹿《か》にせず、一つずつていねいにこなしていった。何にもすがることができない状況《じょうきょう》だったのでこれを続けた所、不思議なくらいに難易度の高い問題にも手を出せるほどに理解度が増し、むしろ得意科目になってしまった。実に不思議な体験だった。

「どうしようもない」という藁《わら》にもすがるような状況《じょうきょう》（自分の能力に対して甘《あま》い期待などもちようのない状況《じょうきょう》）が、かえってレベルを基礎《きそ》の基礎《きそ》にまで十分に下げた教材にていねいに取り組むことを可能にしてくれたのです。

親鸞《しんらん》とイエスはつぎのような逆説的なことを説いています。すなわち親鸞《しんらん》は、「善人なをもちて往生《おうじょう》をとぐ、いはんや悪人をや」（『歎異抄《たんにしょう》』）という悪人正機《しょうき》説を説いたとされますし、イエスは、「幸福《さいわい》なるかな、心の貧《まず》しき者、天国はその人のものなり」と説いています（『新約聖書マタイ伝』）。ふつうに考えれば、悪人や心の貧しい人は救われないように思えるのですが、そういった人こそ逆に救われやすいというのです。練習や学習においても、「その分野が不得意な者こそ幸福《さいわい》なるかな」という逆説が成り立つのではないでしょうか。なぜなら、そういった人は自分の能力に対する甘《あま》い期待によって易しい教材への取り組みを邪魔《じゃま》されることがないからです。

したがって、不得意でない分野についても、自分をその分野の「劣等生《れっとうせい》」とあえて規定して教材のレベルを十分に下げる工夫をしてみるとよいのです。

朱子《しゅし》の「遅鈍《ちどん》の工夫」

そのことを説いているのが、中国の儒者《じゅしゃ》の朱子《しゅし》（朱熹《しゅき》）（一一三〇―一二〇〇）です。彼《かれ》はそのような工夫を「遅鈍《ちどん》の工夫」と呼び、それをつぎのように説いています。

> 大抵《たいてい》、学を為《な》すは、聡明《そうめい》の資《し》〔資質〕有りと雖《いへど》も、必ず須《すべか》らく遅鈍《ちどん》の工夫を做《な》して始めて得《う》べし。既《すで》に是れ遅鈍《ちどん》の資《し》にして却《かへ》つて聡明《そうめい》……の工夫を做《な》さば如何《いかん》ぞ得んや。（朱熹《しゅき》『朱《しゅ》子語類《しごるい》巻八』・『和刻本・朱子《しゅし》語類大全（一）』中文出版社）

ここで朱子《しゅし》がいう「遅鈍《ちどん》の工夫」とは、つまりは「劣等生《れっとうせい》の工夫」ということです。また、「聡明《そうめい》の工夫」とは「優等生の工夫」ということです。すなわち、人が何かを学んでマスターしようとするさいには、いかに資質にめぐまれた者でも遅鈍《ちどん》の工夫（自分を劣等生《れっとうせい》と規定して十分に低いレベルの教材に取り組む工夫）をしなければならない。それなのに、資質にめぐまれてもいない者がかえって背伸《せの》びをして聡明《そうめい》の工夫（自分がいかにも優等生であるかのように高いレベルの教材に取り組むこと）をしている。そのため人は、学ぶことをしても何もマスターできずに終わっているというのです。

たしかに、遅鈍《ちどん》の工夫（劣等生《れっとうせい》の工夫）ということで教材のレベルをほんとうに自分の能力を超《こ》えないところまで十分に下げてみると、実に情けないところにまでレベルが下がってしまうことが多くあります。しかしそのようなときにも、先ほど見た不得意科目を克服《こくふく》した人のように、「ばからしく感じられるところもばかにせず、一つずつていねいにこなして」いくことを、まさに自分を劣等生《れっとうせい》と規定して行わなければならないのです。

なお、せっかく本人が遅鈍《ちどん》の工夫を行おうとしても、先生がかえってそれを邪魔《じゃま》することがあります。それは、「君は、高いレベルをめざして、もっと難しい教材に取り組みなさい」と、目的と方法のレベルがちがうことを踏《ふ》まえずにピントのずれた激励《げきれい》をしたり、「そんな易しい教材をやっているのか、情けない」とばかにしたりして、生徒に聡明《そうめい》の工夫を行わせてしまうのです。そういった邪魔《じゃま》に合わないためにも、前節で書いたように、レベルを下げた教材に取り組むさいには、その教材を周囲の人に見られないようにしておかなければなりません。

第七節　ウォーミングアップおよび初心者教育の利用

もっとも、ばからしいほど易しい「基礎《きそ》の基礎《きそ》」といった教材に取り組むことは、多くの人にとって、やはりなかなか実行しにくいことかもしれません。そこで、それを行いやすくするための工夫として、つぎの二つのことをしてみてはどうでしょうか。

ウォーミングアップなら易しい教材に取り組みやすい

一つは、「ウォーミングアップ」です。すなわち、どのような練習や学習を行うにしても、それに取りかかる前に、ウォーミングアップとして易しい教材に取り組むのです。それは、毎日のことでもよいし、ある一定の期間（一週間とか一カ月）をすべてそれに当てるのでもかまいません。とにかく、ウォーミングアップとしてであれば、たいていの人はばからしいほど易しい教材でもばかにせずに取り組めます。

たとえば前に見た、小学校三年の漢字を覚えることができない子どものような場合、子ども自身は素直に一、二年生の漢字を学習してくれるでしょう。しかし、親によってはそのような指導に納得しない人もいます。「うちの子どもは三年生の漢字ができないのですから、そちらを学習させてください」というかもしれません。そのような親には、「三年生の漢字を学習する前に、ウォーミングアップとして一、二年生の漢字をするだけです。時間はほとんどかかりませんから」といって納得してもらうのです。

ある高校生は英語がそれまでは得意科目というほどではなかったので、彼《かれ》に、「今後のためのウォーミングアップとして、一度、基礎的《きそてき》な文法と単語をきちんと復習してごらん」とアドバイスしたことがあります。彼《かれ》も、「ウォーミングアップということなら」と気楽にそれをしてくれたのですが、それからは英語は文句なしの得意科目になりました。

また別の、数学でいつも不合格点しかとれていなかった高校生に、つぎのアドバイスをしたことがあります。それは、「今度のテストでは点数のことはいったん忘れて、今後のためのウォーミングアップとして、基本的な問題だけをていねいに解いて受けてごらん」というアドバイスです。その高校生も、「ウォーミングアップということならしてみよう」というので、日ごろ使っていたものよりも易しい問題集を選び、しかもその基本問題だけを勉強してテストにのぞんだのです。すると、そのテストでは八十五点をとれました。

ところが彼《かれ》は、そこでよい点数をとれたので、その後はまた以前の難しい問題集の応用問題ばかりを解く学習にもどったのです。するとつぎのテストでは、点数が以前のような合格点に届かないものにもどってしまいました。

このように、易しい教材をして成果が出ると、つぎからは難しい教材にばかり取り組んでしまうという人はよくいます。そのようなことにならないためにも、易しい教材に取り組むことをウォーミングアップとして定期的に行うようにしておくとよいのではないでしょうか。

第一節でも述べたように、《ポイントその一》の目的（出すべき成果）のレベルと、それを達成するための方法（取り組むべき教材）のレベルはちがっています。そのため、成果のことはいったん忘れなければ、成果を出せる教材（すなわち、レベルを下げた易しい教材）にきちんと取り組むことはできません。そしてそれは結構難しいことでもあるのですが、「ウォーミングアップ」ということであれば、だれもがそれをすんなりと行えるのではないでしょうか。

初心者教育の利用

また、ばからしいほど易しい教材に取り組むためのもう一つの工夫は、「初心者教育の利用」です。すなわち、初心者にまじって彼《かれ》ら向けの教育を受けることを（それこそウォーミングアップとしてでも）練習や学習のメニューに組み込《こ》んでおくのです。そうすれば、自分だけではわざわざ取り組まないような易しい教材にも、一つひとつていねいに取り組むことができるでしょう。

また、そのように初心者向けの教育を受けることとは別に、初心者にそういった教材を教えるのも有効です。自分自身が易しい教材に取り組むことには「今さら」といった抵抗《ていこう》がある人も、初心者にそれを教えるのであれば、抵抗《ていこう》なくそういった教材にも取り組めるからです。しかも初心者に教えるのですから、いい加減に雑に行うわけにはいかず、ていねいにしなければなりません。したがってそれは、教える側にとってきわめて理想的な練習や学習になるのです。

高校生、大学生、社会人が小学校や中学校の教材を学習することは、前にも書いたように（第三節）、「子ども用・ジュニア用の教材の利用」という点からして非常に有効です。しかし、それをすることに抵抗《ていこう》がある人も多いと思います。そのような人でも、小学生や中学生に教えるのであれば、そういった教材にすんなりと取り組めるのです。

中学生の弟が使っている教材を見た高校生が、「あー、この教材が自分にはちょうどよさそうだな。一度してみたいな」と思ったとしても、お兄ちゃんとしての沽券《こけん》にかかわるようでその教材には取り組みにくいかもしれません。そのようなときには、恩きせがましく「教えてあげる」といって、弟の家庭教師をしてあげればよいのです。そうすれば、高校生でもおおっぴらに中学校の教材に取り組めます。

なお初心者に教えることは、易しい教材に抵抗《ていこう》なく取り組むためだけでなく、練習や学習嫌《きら》いを克服《こくふく》するためにも有効です。というのも、練習や学習が嫌《きら》いな人でも、人にその指導をするとなると非常に熱心に取り組むからです。日ごろは授業などろくに聴《き》いていない大学生でも、アルバイトで中学生や高校生に教えるとなると非常に熱心な教師になり、「そこの、よそを向いている人。ちゃんとこちらを向いて私のいうことを聴《き》きなさい」と指導するようになります。初心者に教えることには、そういった点からも一石二鳥の効果があるのです。

第八節　一斉授業《いっせいじゅぎょう》

「このことはわかるでしょう」からスタート

以上見てきたように、《ポイントその一：教材のレベルを下げる》では、自分のできるレベルにまで難易度を下げた教材に取り組みます。

しかしこの方法に対しては、「できる、できないのレベルは一人ひとりちがうのだから、個別指導の場合はよいとしても、一斉《いっせい》授業では使えないのではないか」と考える人もいるでしょう。ところが必ずしもそうとばかりはいえないのです。

前にも書いたように、私は大学で機械工学を専攻《せんこう》しましたが、そこで受けた授業の多くはよく理解できませんでした。もちろん多少は理解できたのですが、自分がほんとうにわかったと確信をもてるようなわかり方ができた授業はほとんどありませんでした。理解できたように思えたときでも頭のなかにはいつも霞《かすみ》がかかっていましたし、理解したことを先生に代わって説明しなさいといわれたら立ち往生するしかないような理解のしかたばかりでした。しかし、卒業するためには授業に出ていなければならないので、ノートだけはとりながら出席していました。

そのようなとき、ある授業で、いつもの先生が出張ということで若い先生がピンチヒッターで来たことがあります。その先生が、「今日はちょっと変わった方法で授業をしてみましょう」といって実験的な授業をしてくれました。

まず、「このことはわかるでしょう」と、中学生でもわかりそうな拍子抜《ひょうしぬ》けするほど簡単なことの説明（というよりも提示）がありました。そして、その後もつぎつぎに、「それではこれもわかるでしょう」と、よくわかるごく簡単なことばかりの説明を積み重ねていって、「だから結局、こういうことになるのです」と、いつもの授業で説明されているような複雑で難しいことにたどり着いたのです。

一つひとつはごく簡単な、ほとんど説明も要らないようなことばかりだったので、時間はふつうの授業の進め方と同じ程度にしかかかっていません。しかし私にとっては、これほど完璧《かんぺき》に理解できる授業は初めてだったので（そして最後でもあったのですが）驚《おどろ》くべき体験でした。まるであざやかな手品を見せてもらったような感じで、頭のなかに霞《かすみ》がかかることもなく理解できたし、先生に代わって説明しなさいといわれても自信をもって説明できたのではないでしょうか。

この授業などは、一斉《いっせい》授業であっても、最初に学生のだれもが簡単にわかるところ（たとえばジュニア用教材程度）にまでレベルを下げておいて、そこからわかる説明だけを、ちょうど階段の一段一段を登るように積み重ねていけば、最終的な目的とする、たとえば二階のような高いレベルにも簡単にたどり着けるというよい見本でした。

それでは、どうしてそのようなよくわかる授業が大学などではふつう行われていないのでしょうか。それは、「中学生にもわかるような内容を提示することは大学の権威《けんい》を落とす」とでも先生たちが思っているからかもしれません。また、学生の側にもそういった授業をばかにするところがあるからかもしれません。実際そのときの授業は、級友たちのあいだでは、「ばかみたいな説明から入った」ということで、それほど評判はよくありませんでした。そういったことのため、たとえば〔レベル十〕の内容を説明しようとする場合、〔レベル二〕や〔レベル三〕からではなく、〔レベル八〕や〔レベル九〕から説明を始めているのではないでしょうか。そしてそれがレベルの高い授業だと、先生も学生も満足しているのでしょう。

理解できなくてもふれておく意味はある

もっともそれでは、よく理解できなかったほかの授業は私にとって意味がなかったのかというと、必ずしもそうではありません。数年間も機械工学の授業にどっぷりつかっていると、いやでも機械工学という景色に慣れてきます。ちょうどほかの人があまり行ったことのない土地を観光バスでぐるぐるまわったようなものです。途中《とちゅう》でときどき（たびたび）居眠《いねむ》りはしたものの、その土地を見たことがあるのかないのかは経験上の決定的な差になってきます。「完璧《かんぺき》に理解できなければ意味がない」とこだわっていると、知見を狭《せま》くすることにもなりかねません。完璧《かんぺき》には理解できなくても、一応ふれておくだけでよいということも多くあります。また何よりも、完璧《かんぺき》に理解できる説明に出合えること自体がふつうではほとんど起こり得ない奇跡《きせき》のような幸運ですから、すべてをそのような幸運を当てにしてやっていくわけにはいかないということもあるのです。

第二章

ポイント その二

部分品[パーツ]のみがき上げ

第一節　部分品《パーツ》についての教材——複合的な教材は後まわし

「できない教材」があるというのは、基本的には前章で見たように、それよりもレベルが下の「できる教材」（「できるとされている教材」）のできかたが不十分だからです。そのため、《ポイントその一：教材のレベルを下げる》では、「できない教材」は後まわしにして「できる教材」に取り組み、そこに残っている不十分さの解消をするのです。

しかし、《ポイントその一》をいくらきちんと行っても、望む成果が十分に出ない場合があります。あるいは、それなりの成果は出ても、あるところで能力の伸《の》びが頭打ちになってしまう場合があります。サッカーであれば、ボールをける練習をいくらレベルを下げて（たとえばスピードを落として）たくさんしても、あるところから以上にはどうしても上手にならなかったり、数学であれば、二次方程式の易しい問題をいくらたくさん解いても、どうしてもそれがきれいに解けるようにはならなかったりするのです。

どうしてそのように、《ポイントその一》だけでは十分な成果が出ない場合があるのかというと、教材がうまくできない原因には、レベルの問題とは別に、部分品の問題が関係していることがあるからです。

部分品《パーツ》とは？

部分品の問題とはつぎのようなことです。すなわち、スポーツ、楽器の演奏、勉強などで行うことのほとんどは、〈部分品〉がいくつか合成された「複合的なもの」です。たとえば、サッカーの「ボールをける」という動作は、〈足を踏《ふ》み出す〉〈肩《かた》をまわす〉〈足をけり出す〉といった部分品となる動作が合成された複合的なものです。また、数学の「二次方程式を解く」という数的処理は、〈足し算〉〈引き算〉〈掛《か》け算〉〈割り算〉〈因数分解〉〈√《ルート》〉などの部分品となる数的処理が合成された複合的なものです。そして、そういった〈部分品〉のできかたに不十分さが残っていてそれらを「えーと、えーと」と考えながらでなければ行えないと、それらを合成した「複合的なもの」もうまくは行えないのです。

それでは、そういった〈部分品〉のできかたの不十分さは、「複合的なもの」を複合的なままにそのレベルを下げて練習や学習を行えば（すなわち、《ポイントその一：教材のレベルを下げる》を行えば）、それだけできちんと解消されるのでしょうか。

部分品《パーツ》のみがき上げで複合的なもののレベルアップを

もちろん、それだけで〈部分品〉のできかたの不十分さが解消される場合もあります。しかし、そうはならない場合もあるのです。そしてそのようなときには、《ポイントその一》とは別に、あるいはそれと並行《へいこう》して、《ポイントその二：部分品《パーツ》のみがき上げ》を行わなければなりません。すなわち、「複合的なもの」に直接取り組む練習や学習はいったん後まわしにして、それを個々の〈部分品〉に分解し、そのそれぞれについての教材に取り組んでそのすべてを「えーと、えーと」と考えることなくすらすらと行えるようにみがき上げるのです。そして、その後にそれらを合成した「複合的なもの」を行ってみると、今度は拍子《ひょうし》抜《ぬ》けするほど簡単にそれがうまくできるようになっているのです。

たとえば、サッカーの「ボールをける」という複合的な動作がうまくできない場合、そこからたとえば〈足を踏《ふ》み出す〉という部分品となる動作を取り出してきて、それをみがき上げるトレーニングメニューに取り組むのです。すなわち、ボールのどの部分をどのように見ながら足を踏《ふ》み出していくのか、またそのさいに体をどのように前に移動させていき、足をボールの横のどの位置に踏《ふ》み出していくのかといったことを、「えーと、えーと」と考えることなく正確に行えるようにみがき上げるのです。そしてそれをした後、「ボールをける」という複合的な動作をしてみると、今度はそれがこれまでとはまったくちがった高いレベルで行えるようになっているのです。

また、数学で「二次方程式を解く」という複合的な数的処理がうまくできない場合、そこから〈因数分解〉や〈√《ルート》〉といった部分品となる数的処理を取り出してきて、それらについての教材を「えーと、えーと」と考えることなくすらすらと行えるようにみがき上げるのです。そしてその後で二次方程式を解いてみると、今度はいきなりそれが簡単に解けるようになっているのです。

機械の点検修理の方法に、オーバーホール（overhaul）というものがあります。それは、一つの機械をいったんすべての部分品にまで分解し、その一つひとつについて精密に点検修理を行うというものです。通常の点検修理ではそこまでしませんが、定期的にオーバーホールすることで、機械を使用開始時点と同じコンディションにもどすのです。《ポイントその二：部分品《パーツ》のみがき上げ》では、ちょうどオーバーホールのようなことを、練習や学習をしようとする複合的なものについて行うのです。

オートバイのレースに、モトクロス（motocross）というものがあります。舗装《ほそう》されたレース場を走るのではなく、山林などの悪路や坂道を走る競技です。それを趣味《しゅみ》でしている大学生からつぎの話を聞いたことがあります。それは、「自分たちが競技場に行って練習するときには、コースをただグルグルと飛んだり跳《は》ねたりしながら走りまわるだけですが、チャンピオンになるような人は、たとえば半日、スタートならスタートの練習だけをしています」というのです。つまり、その大学生などはモトクロスで行われる複合的なことを複合的なままに練習しているのに対し、チャンピオンになるような人は、そこから部分品となるものを取り出してきてそれをみがき上げる練習をしているというのです。

以前、たまたまある中学校のサッカー部の練習を見学したことがあります。あまり強くないということだったのですが、たしかにボールをけって走りまわるといった複合的なことをそのままに行う練習しかしていませんでした。スポーツの目的は強くなることだけではないので、友だちと楽しくサッカーをできればそれでよいと思ってそのときは見ていました。ところがそれから二年ほどたったとき、風のたよりで、そのサッカー部が県大会で準優勝したということを聞きました。あのような練習だけでそういったよい成績が出せるはずはないのにと思って、もう一度、練習を見に行ってみました。すると顧問《こもん》の先生が代わったようで、かなりの時間を使って部分品となる基本動作をみがき上げる練習をしていました。それを見て、なるほどこれなら強くなるはずだと納得できたのです。

このように、《ポイントその一：教材のレベルを下げる》だけでは十分な成果が得られない場合には、《ポイントその二：部分品《パーツ》のみがき上げ》でつぎのことをします。

一、うまくできない「複合的なもの」の練習や学習はいったん後まわしにする。

二、複合的なものを〈部分品〉に分解し、それらについての教材に取り組んでそのみがき上げを行い、そこに残っているできかたの不十分さを解消する。

三、それによって、以前はうまくできなかった複合的なものを、それまでとはちがった高いレベルでできるようにする。

《ポイントその二》の目的は、「うまくできない複合的な教材」をうまくできるようにすることです。しかし、それは結果的に達成すべきことであって、それを達成するための方法は、決してそのできない複合的な教材に直接取り組むことではないのです。

ここでも、練習や学習における目的（出すべき成果）と、それを達成するための方法（取り組むべき教材）はちがっています。すなわち、目的とする「複合的な教材」はいったん後まわしにして、それを〈部分品〉に分解し、それについての教材という、目的とはちがった教材に取り組むことをしなければならないのです。

なお、《ポイントその一：教材のレベルを下げる》を行ったつもりでも、レベルを下げて取り組んだ教材が「基礎《きそ》の基礎《きそ》」であるような場合、それが同時に、《ポイントその二：部分品《パーツ》のみがき上げ》にもなっていることがあります。

たとえば、漢字の苦手な小学三年生に一、二年生の漢字を復習させることは（第一章 第二節）、一、二年生の漢字に残っていたできかたの不十分さを解消させるのと同時に、「複雑な漢字」の部分品となる〈基礎的《きそてき》な漢字〉のできかたの不十分さを解消させることにもなっているのです。

たとえば、「朝」という漢字は、〈十〉と〈日〉と〈月〉という部分品の組み合わせでできています。したがって、〈十〉と〈日〉と〈月〉といった漢字を「えーと、えーと」と考えることなく書けるようにすることは、「朝」という「複合的な漢字」の〈部分品〉をみがき上げることにもなっているのです。そして、そういった部分品となるような「基礎《きそ》の基礎《きそ》」の漢字のほとんどは、一、二年生の漢字のなかに入っているのです。

また、算数のできない小学四年生に、「一桁《けた》＋一桁《けた》」の足し算などを復習させることは（第一章 第五節）、一、二年生レベルの算数のできかたの不十分さを解消させるのと同時に、「小学四年生の算数」という複合的な数的処理を行うさいに必要な部分品である〈四則演算〉をみがき上げてその不十分さを解消させることにもなっているのです。

第二節 部分品のレベルによる制約

七十五点が二十四点に

〈部分品《パーツ》〉となるものは、どのような分野のものであれ、ばかばかしいほどに簡単で基本的なものばかりです。ボールをけるさいの〈足を踏《ふ》み出す〉という動作にしても、二次方程式を解くさいの〈因数分解〉や〈√《ルート》〉といった数的処理にしてもそうです。

ところが、それらを合成した複合的なものをどのようなレベルで行えるのかは、そういった簡単で基本的な部分品のレベルに決定的に制約されるのです。

たとえばここに、〈a〉〈b〉〈c〉〈d〉〈e〉といった五つの基本的な数的処理を使って解く数学の問題があったとします。ところが、それらの基本的な数的処理のできかたには不十分さが残っていて、その正解率はどれも七割五分だったとします。しかし、その一つひとつについてのテストをすればすべて七十五点はとれるので、本人も親も、「まあ、この程度の点数なら悪くはない」と安心してしまいます。

ところが、それらを合成して解く複合的な問題の正解率は二割四分になり、テストでは二十四点しかとれません。というのも、〈a〉〈b〉という、どちらも正解率が七割五分の数的処理を続けて行うと、その二つがすんだ段階での正解率は、「〇・七五×〇・七五＝〇・五六」になります。そしてそれに続けて、〈c〉〈d〉〈e〉という、どれも正解率七割五分の数的処理を行っていくのですから、それら五つの数的処理がすべてすんだ段階での正解率は、「〇・七五」を五回掛《か》けた（〇・七五の五乗の）「〇・二四」になるのです。そのため、一つひとつの基本的な数的処理について個別にテストをすればどれも七十五点はとれるのに、それらを合成して解く問題のテストでは二十四点しかとれないのです。

それでは、〈a〉から〈e〉までの五つの数的処理がすべて同じ正解率ではない場合はどうなるのでしょうか。たとえば、〈a〉から〈d〉までの四つの数的処理は、〈足し算〉〈引き算〉〈掛《か》け算〉〈割り算〉の四則演算で、どれも正解率は十割だとします。ところが、五つめの〈e〉の数的処理が〈√《ルート》〉で、その正解率は三割だとします。そうすると、〈a〉から〈d〉までの四つの数的処理がすんだ段階の正解率は十割でも、最後に〈e〉の〈√《ルート》〉を行うとそれがボトルネックとなって最終的な正解率は三割になってしまい、テストでは三十点しかとれないのです。

部分品となる数的処理に残っている不十分さは、このような正解率の面だけでなく、所要時間や消費エネルギーの面にも出てきます。すなわち、一つひとつの基本的な数的処理をするたびに「えーと、えーと」と考えて時間もエネルギーも相当費やすと、それらをいくつも使って解く問題では、単に正解率が低くなるだけでなく、時間もずいぶんとかかるし途中《とちゅう》でエネルギー切れにもなってしまうのです。

こういった事情はスポーツなどでも同じです。たとえば、サッカーの「ボールをける」という動作の部分品である〈足を踏《ふ》み出す〉〈肩《かた》をまわす〉〈足をけり出す〉といった基本的な動作のできかたには不十分さが残っていて、その正確度（どれほどの度合いでそれを正確に行えるのか）はどれも六割だったとします。そうすると、それら三つの部分品を合成した「ボールをける」という複合的な動作の正確度は、「〇・六」を三回掛《か》けた「〇・二二」になります。そのため、ねらったところにボールをけろうとしても、五回に一回ほどしかそこにボールが行かないということになるのです。

第三節　分解の必要性

このように、一つひとつの部分品はきわめて簡単で基本的なものであるのに、そのできかたに不十分さが残っていると、それらを合成した複合的なもののレベルはそれに決定的に制約されて低いレベルにとどまってしまいます。したがって、複合的なもののレベルを確実に大きく上げようとすれば、《ポイントその二：部分品《パーツ》のみがき上げ》を行い部分品のできかたの不十分さを解消するほかないのです。すなわち、「複合的なもの」を〈部分品〉にまで分解し、それについての教材に取り組んでその一つひとつをみがき上げるほかないのです。

分解しなければたいして伸びない

それにしても、どうしてそのように複合的なものを部分品にまで「分解」する必要があるのでしょうか。それは、複合的なものを複合的なままに練習し学習するだけでは、部分品のできかたの不十分さがなかなか解消されないからです。多少は解消されるでしょうが、どうしても限界があるのです。サッカーであれば、「ボールをける」という複合的な動作をいくらたくさん練習しても、〈足を踏《ふ》み出す〉や〈肩《かた》をまわす〉などの部分品となる動作にはいつまでたっても不十分さが残ります。また数学であれば、「二次方程式を解く」という複合的な数的処理をいくらたくさん学習しても、〈因数分解〉や〈√《ルート》〉などの部分品となる数的処理のできかたの不十分さはなかなか解消されません。そのため、それらを合成した複合的なもののレベルもそれほど大幅には上がらないのです。

たとえば、〈a〉から〈e〉までの五つの部分品からなる複合的なものをそのまま いくらたくさん練習し学習しても、それらの部分品の正確度は、たとえばもともとがどれも七十五パーセントだったとしたら、せいぜい八十パーセントといったところにまでしか上がりません。そうすると、それらを合成した複合的なものの正確度も、もとの「〇・七五」を五回掛《か》けた「〇・二四」から、「〇・八」を五回掛《か》けた「〇・三三」程度までにしか上がらないのです。そのため、スポーツであれば地方大会の一回戦レベルが三回戦レベルにまで上がるかどうかといった程度が精いっぱいですし、数学であればテストの点数も二十四点が三十三点に上がるような上がり方しかしないのです。

分解すれば大きく伸びる

ところが、複合的なものを個々の部分品にまで分解し、それについての教材に取り組んでその一つひとつをみがき上げれば、そこに残っているできかたの不十分さはほぼ確実に解消され、各部分品の正確度はすぐに九十五パーセント以上といった、ほぼ完璧《かんぺき》なレベルにまで上がります。

そのような高いレベルが可能なのかと疑問に思うかもしれませんが、一つひとつの部分品は〈足を踏《ふ》み出す〉や〈因数分解〉といった、それ自体はきわめて簡単で基本的なものばかりです。そのため、それらの正確度をほぼ完璧《かんぺき》で間違《まちが》えようのないレベルにまで上げることは可能なのです。現に四則演算などでは、多くの人がそういったレベルを達成しています。そして、部分品をそのようなほぼ完璧《かんぺき》なレベルにまでみがき上げれば、その結果として、それらを合成した複合的なもののレベルも確実にそれまでとは別次元の高さにまで上がるのです。

たとえば、サッカーの〈足を踏《ふ》み出す〉〈肩《かた》をまわす〉〈足をけり出す〉といった部分品となる動作の正確度をどれも九割五分ほどにまで上げれば、それらを合成した「ボールをける」という動作の正確度は、「〇・九五」を三回掛《か》けた「〇・八六」になります。そうすると、五回のうち四回ほどは思ったところにボールをけることができるようなレベルになるのです。また、数学の二次方程式を解くための部分品となる数的処理を四則演算なみの完璧《かんぺき》なレベルにまでみがき上げれば、そのテストではいつも間違《まちが》いなく百点の成績をとれるようになるのです。

こういった、《ポイントその二：部分品《パーツ》のみがき上げ》を受験勉強でした高校生の例を紹介《しょうかい》しておきます。

その高校生には、三年生になったとき、《部分品のみがき上げ》についての話だけはしておきました。しかし、それをとくに勧めることはしていませんでした。

ところが、大学入試も間近に迫《せま》った三年生の十一月ごろ、彼《かれ》の方から、この方法を数学でしてみたいと提案してきたのです。というのも、彼《かれ》は文科系志望で、英語と国語の点数は十分とれているのに数学の点数があまりよくないので試しに数学でそれをしてみたいというのです。

具体的にはつぎのようにしたいということでした。すなわち、学校で使っている問題集には、分野ごとに、［A］パートに基本問題（すなわち、〈部分品〉となる基本手順についての問題）が、また［B］パートに応用問題（基本手順を組み合わせて解く「複合的な問題」）がのっていて、実際の入試問題は［B］パートのような形でしか出題されないし、学校でもそちら側だけを授業でしているそうです。ところが彼《かれ》は、［B］パートの応用問題の学習は捨てて、［A］パートの基本問題だけを徹底的《てっていてき》にみがき上げる学習をしたいというのです。

私もその提案を聞いて、それは《ポイントその二：部分品《パーツ》のみがき上げ》になるから効果的だろうとは思いました。しかし、入試も間近に迫《せま》っている時期に、実際に入試に出題される応用問題の学習を捨てることにはよほどの思い切りがいるのでためらいました。しかし彼《かれ》は、「数学の点数がどうしても上がらないので、実験のつもりでやってみたい」というのです。また、「学校の授業では応用問題をしているのだから、それをまったくしないわけではないので」と、逆に私の方が説得されてしまいました。

そして、彼《かれ》はそのときから入試までの期間、数学の学習では基本問題をみがき上げることだけしていったのです。その結果、入試本番ではつぎのようなことになったといいます。それは、出題された問題は応用問題をしていないので見慣れない問題が多かったそうですが、どの問題も、

「つぎは何をすればよいのだな」と頭が勝手に反応するような感じで自然に必要な部分品となる基本手順がつぎつぎに思い浮《う》かんできてスムーズに解けていったというのです。つまり、みがき上げていた基本手順が必要に応じて出てきて、応用問題を解くという複合的なこともそれらが合成されて難なく行えたのです。

その結果、不得意科目だった数学が入試本番ではもっとも点数がよく、得意科目だった英語と国語はふつうの点数しかとれなかったそうです。彼《かれ》は入試が終わった後、「英語と国語でも《部分品のみがき上げ》をもっと徹底《てってい》してやっておけばよかった」といっていました。具体的には、英語、古文、漢文の「例文」と「単語」をさらにみがき上げておけばよかったというのです。文章というものは、英語であれ古文であれ漢文であれ、結局は例文（として示されている文の基本形）と単語を部分品として合成したものだからだということでした。

第四節　状況《じょうきょう》への対応能力

パターンを学ぶだけだと融通《ゆうづう》がきかない

このように、《ポイントその二：部分品《パーツ》のみがき上げ》を行う目的は、基本的には、〈部分品〉のできかたの不十分さを解消して「複合的なもの」のレベルを確実に大幅《おおはば》に上げることにあります。しかし、《ポイントその二》を行う目的には、さらに二つのことを追加しておけます。

一つは、「状況《じょうきょう》への対応能力を高める」というものです。

それを目的として、サッカーをしている人につぎのアドバイスをしたことがあります。それは「複合的なものであるテクニックの練習はしばらく禁止して、そういったテクニックの部分品となる基本動作のみがき上げだけを練習してはどうか」というアドバイスです。

テクニックというのは、たとえば相手の選手たちからこのように囲まれた状況《じょうきょう》のなかでボールをどのように処理してその囲みを突破《とっぱ》するかといったようなものです。そして、そういったテクニックの練習をしておけば、想定した状況《じょうきょう》になったときにはそのテクニックを使って対処できるというわけです。

しかし実際の試合で、練習で想定したのとまったく同じ状況《じょうきょう》が起きることはありません。想定した状況《じょうきょう》に近い状況《じょうきょう》は起きても、そのような状況《じょうきょう》に至るまでの試合の流れはいちいちちがいますし、また相手選手の体格やプレイの得意不得意もちがっています。具体的な状況《じょうきょう》というのは、そういった個々の要因の微妙《びみょう》なちがいが総合されてできているので、まったく同じ状況《じょうきょう》というものは起こり得ないのです。

もちろん、状況《じょうきょう》の典型的なパターンというものはあって、それらに対応するテクニックの練習はしておく必要があるでしょう。しかし、そういったテクニックの練習だけでは、それぞれが微《び》妙《みょう》にちがっている個々の状況《じょうきょう》に対しては融通《ゆうずう》がきかない部分がどうしても残ってしまうのです。

個々の状況《じょうきょう》にどんぴしゃり

それでは、そういった個々の状況《じょうきょう》にぴったりのプレイができるようになるためには、どのような練習をすればよいのでしょうか。それが、《ポイントその二：部分品《パーツ》のみがき上げ》です。その練習をしておけば、実際の具体的な状況《じょうきょう》においては、みがき上げた部分品となる基本動作のなかから必要なものが過不足なく合成されて出てきて、その状況《じょうきょう》にもっともふさわしい複合的な動作が自然に行えるようになるのです。

私のアドバイスを受け入れてその練習をした人は、実際の試合では、自分が考えてもいなかった、その状況《じょうきょう》にどんぴしゃりのプレイが、体が自然に反応する形で出てくるようになったということでした。

受験勉強でも同じです。よくある受験勉強の指導に、問題のパターンとその解法を徹底的《てっていてき》に覚えさせるというものがあります。たしかに、これもサッカーと同じで、典型的なパターンについての学習はしておく必要があるでしょう。しかし、実際に出題される個々の問題は、それぞれがやはり微妙《びみょう》にちがっています。そして、典型的なパターンとその解法を覚える学習だけでは、そういった個々のちがいへの対処に融通《ゆうずう》がきかない部分がどうしても残ってしまうのです。また、目先を変えられたときには手も足も出ないということにもなりかねません。前節で紹介《しょうかい》した、数学の受験勉強を《ポイントその二》で行った高校生の場合も、部分品となる基本手順を徹底的《てっていてき》にみがき上げておいたので、実際の問題に取り組んだときには、それらのなかからその問題にどんぴしゃりなものが過不足なく合成されて出てきたのです。

第五節　練習や学習の効率化

複合的なものを難なくマスター

《ポイントその二》を行う目的に追加しておけるもう一つのものは、「練習や学習の効率化」です。

前節でふれた、スポーツの「テクニック」にしても、受験勉強の「解法」にしても、細かくいえば数限りないほどたくさんのものがあります。そして、そういったものをすべてマスターしようとすれば、それこそ気が遠くなるような多くのものに取り組まなければなりません。「あれもやっておかなければならないし、これもやっておかなければならない」ということになり、限られた時間やエネルギーのなかではどうしてもすべてはこなせないのです。そのためそれが、選手や受験生に相当な圧迫感《あっぱくかん》を与《あた》えることにもなっています。

ところが部分品となるものであれば、サッカーのような一つの種目や、数学のような一つの教科においては、その数は限られています。そして、ほとんど無数といってよいほどにあるテクニックや解法も、実は、それら限られた数の部分品が合成されてできているだけなのです。

したがって、そういった部分品となるものを徹底的《てっていてき》にみがき上げておきさえすれば、それらを合成した複合的なもののなかには、その練習や学習をわざわざ行わなくてよいものもたくさんあります。またそうでなくても、すでにマスターしている部分品の新たな合成のしかたをマスターするだけでよいとか、ほんの一つか二つの新たな部分品をプラスするだけでよいといったものも多くあります。そのため、《ポイントその二》を行っておけば、練習や学習を非常に効率化できるのです。

テクニックや解法といったものを、つぎつぎに簡単にマスターしていく人がいます。そうした人をはたで見ていると、「どうしてあんなに簡単にマスターできるのだろうか。よほど特別に高い素質をもっているのだろう」と、うらやましく思ったりもします。しかし実際には、単に「部分品《パーツ》がほとんどそろっていた」というだけのことが多いのです。すなわち、〈a〉〈b〉〈c〉〈d〉〈e〉といった部分品となるものをほぼ完璧《かんぺき》にみがき上げておきさえすれば、それらを合成した複合的なものは、スポーツのテクニックであれ、勉強の解法であれ、難なくすぐに習得できるのです。

第六節　疑心暗鬼《ぎしんあんき》

簡単なことだけに取り組むことの不安

以上見てきた《ポイントその二》も、《ポイントその一》と同じように、しようと思えばだれもがすぐに実行できるはずのものです。なぜならそれも、特別高度な難しい教材に取り組むのではなく、むしろきわめて簡単で基本的な教材にしか取り組まないからです。

ところがそうであればこそ、《ポイントその二》を実行することは、実際にはかえってなかなか難しいのです。というのも、この方法の目的は複合的なもののレベルをそれまでとは別次元の高さにまで確実に大幅《おおはば》に上げようとすることにあるからです。スポーツであれば、それまでの地方大会一回戦レベルのプレイを全国大会レベルにまで上げようとしたり、勉強であれば、テストでのそれまでの二十点や三十点を九十点や満点にまで上げようとすることが目的だからです。そういった、「複合的なもの」の大幅《おおはば》なレベルアップという目的と、〈部分品《パーツ》〉となるきわめて簡単で基本的な教材に取り組むこととのギャップがあまりに大きいため、それを実行することは多くの人にとってなかなか難しいのです。

たとえば、サッカーで複合的なテクニックの練習をするのであれば、全国大会レベルのプレイをめざして高度な難しい練習をしているという満足感が得られます。ところが、《ポイントその二》では、ボールの横に足をどう踏《ふ》み出していくかといった簡単で基本的な動作を一つひとつ徹《てっ》底《てい》的《てき》にみがき上げていく練習を行うのです。

また、勉強で複合的な問題に取り組むのであれば、入学試験で高い点数をとるために高度な難しい学習をしていると納得できます。ところが、《ポイントその二》では、入学試験では出題されないような基本的な問題に取り組むのです。

そういった、「よほどの初心者でもそこまで基本的なことはしないだろう」というほど簡単で基本的な教材（トレーニングメニュー）についての練習や学習を、全国大会レベルのプレイや入学試験での高得点をめざす人たちが行わなければならないのです。そのため、どうしても多くの人は、「そんなに簡単で基本的な教材に多くの時間とエネルギーを費やしていてほんとうにめざす高いレベルに到達《とうたつ》できるのだろうか」と疑心暗鬼《ぎしんあんき》におちいってしまいます。そしてその結果、そういった練習や学習はせず、複合的な教材に取り組む高度で難しい練習や学習ばかりを行うことになるのです。しかしそうすると、前にも述べたように、部分品のレベルがどうしてもある程度以上には上がらないので、複合的なもののレベルも大幅《おおはば》に上がることはないのです。

こういった疑心暗鬼《ぎしんあんき》を克服《こくふく》して《ポイントその二》をきちんと実行するためには、「どのように高度で複合的なものも、簡単で基本的な部分品の合成にすぎない」ととらえることができるようにならなければなりません。それができれば、今度は逆に、「複合的なものに直接取り組んでも限界がある」とわかるので、簡単で基本的な教材をみがき上げることに専念できるようになるのです。

プロの技がすごいのは部分品の完成度がちがうから

サッカーやギターのプロの人たちは、ふつうの人からすれば信じられないような高度なレベルのプレイをします。しかしそういった人たちも、それをするさい、部分品として〈空を飛ぶ〉といった動作や〈七本の指を使う〉といった動作を行っているわけではありません。そこで行っているのは、どれもが初心者が行うのと変わらないごく簡単で基本的な動作ばかりなのです。

それでは、どうしてそれらの人たちのプレイは、ふつうの人たちのそれとまったくちがうレベルになっているのでしょうか。それは、一つひとつの部分品の正確さ、確実さ、スピードといったいわば「完成度」が、そこに少しの不十分さも残さず完璧《かんぺき》なレベルにまでみがき上げられているからです。そのため、それらをどれだけどのように合成した複合的な動作でも、ふつうの人からすれば信じられないような正確さ、確実さ、スピードで行うことができるのです。

したがって、ほんとうに高いレベルをめざすのであれば、何か特別な難しいことに取り組むのではなく、よほどの初心者でもしないようなばかばかしいほど簡単で基本的なことを、ただしふつうの人が決してしないような極端《きょくたん》に完璧《かんぺき》なレベルにまでみがき上げることをしなければなりま

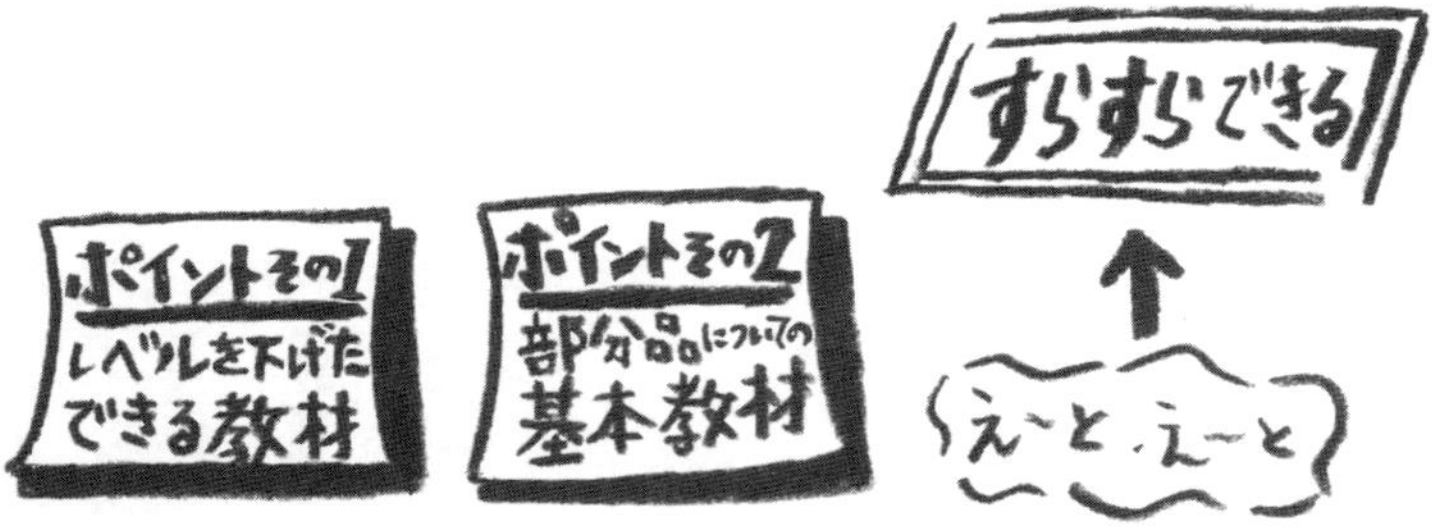

せん。実際、スポーツでも楽器の演奏でも勉強でも、ほんとうに高いレベルを達成した人こそ、部分品となるきわめて簡単で基本的な教材を極限までみがき上げる練習や学習を行っているのです。

しかしそれにしても、そういったきわめて簡単で基本的な教材にきちんと継続的《けいぞくてき》に取り組むことは、多くの人にとってやはりなかなか難しいでしょう。そのため、《ポイントその二》も、《ポイントその一》と同じように（第一章 第七節）、ウォーミングアップとして行ったり初心者教育を利用して行うようにしておくとよいのではないでしょうか。

以上、第一章と第二章で見てきたように、《ポイントその一：教材のレベルを下げる》と《ポイントその二：部分品《パーツ》のみがき上げ》では、練習や学習の目的である難しい教材（「できない教材」や

「複合的な教材」）には直接取り組まず、右の図のように、「レベルを下げたできる教材」や「部分品についての基本教材」といった易しい教材に取り組み、そこに残っているできかたの不十分さを解消します。すなわち、それらを「えーと、えーと」と考えることなくすらすらとできるようにします。そうすることで、それまでうまくできなかった難しい教材をできるようにするのです。

第三章

ポイント その三

同じ教材をくり返す

第一節　劇的で飛躍的《ひやくてき》な変化

中途半端《ちゅうとはんぱ》な変化で終わらないために

《ポイントその一》や《ポイントその二》を行うことで、易しい教材（「レベルを下げたできる教材」や「部分品についての基本教材」）をすらすらとできるようにすると、気がついたときには、それまでうまくできなかった難しい教材（「レベルの高い教材」や「複合的な教材」）もできるようになっています。そうすると多くの人は、それまで取り組んできた易しい教材はすぐに卒業してそういった難しい教材に進みます。

しかし、そこでそのように教材を進めてしまうと、能力の変化が中途半端《ちゅうとはんぱ》なもので終わります。スポーツの場合であれば、練習試合では上達が見られたのに公式試合ではそれほど変わりばえしないとか、勉強の場合であれば、校内の定期試験では成績が上がったのに入学試験では通用しないといったようなことになるのです。また、練習試合や定期試験での成果にしても、時間がたつとそのうち消えてしまいます。

そういった中途半端《ちゅうとはんぱ》なことにならないためには、《ポイントその三：同じ教材をくり返す》をしなければなりません。すなわち、《ポイントその一：教材のレベルを下げる》や《ポイントその二：部分品《パーツ》のみがき上げ》がすんだ後もすぐに教材を進めず、それまで取り組んできた易しい教材にとどまり、その同じ教材をさらにくり返すことをしなければならないのです。

しかし多くの人は、そのような《ポイントその三》には、なかなか納得しません。すなわち、「なぜ、すらすらとできるようになっている同じ教材をさらにくり返さなければならないのか」とか、「なぜ、せっかくできるようになっている難しい教材に進んではいけないのか」というのです。

私も、前に紹介《しょうかい》した《ポイントその一：教材のレベルを下げる》で学年トップの成績をとれるようになった高校生に、つぎの段階として《ポイントその三》のくり返しを勧めたときには、いったんはつぎのように断られてしまいました。

それは彼《かれ》が一年生の終わりのころでしたが、「これまでの学習ですらすらとできるようにしてきた同じ教材を、あと何回かくり返しやってごらん」といったところ、「やりたくありません」と拒否《きょひ》されたのです。彼《かれ》からすれば、《ポイントその一》によってすらすらとできるようにした教材は、「もうすんだ」ものなのです。それなのに、「何で今さら、その、もうすんだはずの教材をくり返さなければならないのか。ほかにしなければならないことはたくさんあるし、今までの方法（つまり《ポイントその一》）だけで成績も十分上がったのに」というわけです。

そこで私は、「とにかく、だまされたと思って試しに一度してごらん」といって、再度、勧めてみました。彼《かれ》も納得はしていなかったのですが、「だまされたと思って」というのと「試しに一度」ということで、すでに解けるようになっていた数学の問題を、その日の夜に何回かくり返ししてみたそうです。

すると翌日、それまでよく理解できていなかった生物の授業が急にわかるようになったというのです。そのように、頭の運動神経がよくなったとしか思えない形で、学習したところとは別のところ（たとえばほかの教科のようなところ）までわかるようになるといったことも、《ポイントその三》を行うとよく起きる成果の一つですが、それが翌日、早速、起きたのです。

そのこともあり、またしてみた数学の学習で手ごたえも感じたようで、その後は、《ポイントその一：教材のレベルを下げる》に加えて《ポイントその三：同じ教材をくり返す》もしてくれるようになりました。つまり、《ポイントその一》によってすらすらとできるようにした同じ教材を、そこで終わらせずに、あと何回かくり返し学習するようになったのです。

《ポイントその一》だけを行っていたときの彼《かれ》の成績は、トップといっても二番の人とそれほど大きな点数の差はありませんでした。しかし、それに《ポイントその三》を加えるようになってからの成績は、同じトップでも、二番の人と総合点で五十点から百点もちがうといった、それまでとは別次元のものになったのです。

このように、すでにすらすらとできるようになっている教材をさらにくり返すと、能力に劇的で飛躍的《ひやくてき》な変化がほぼ確実に起きてきます。レベルでいうと、《ポイントその一：教材のレベル

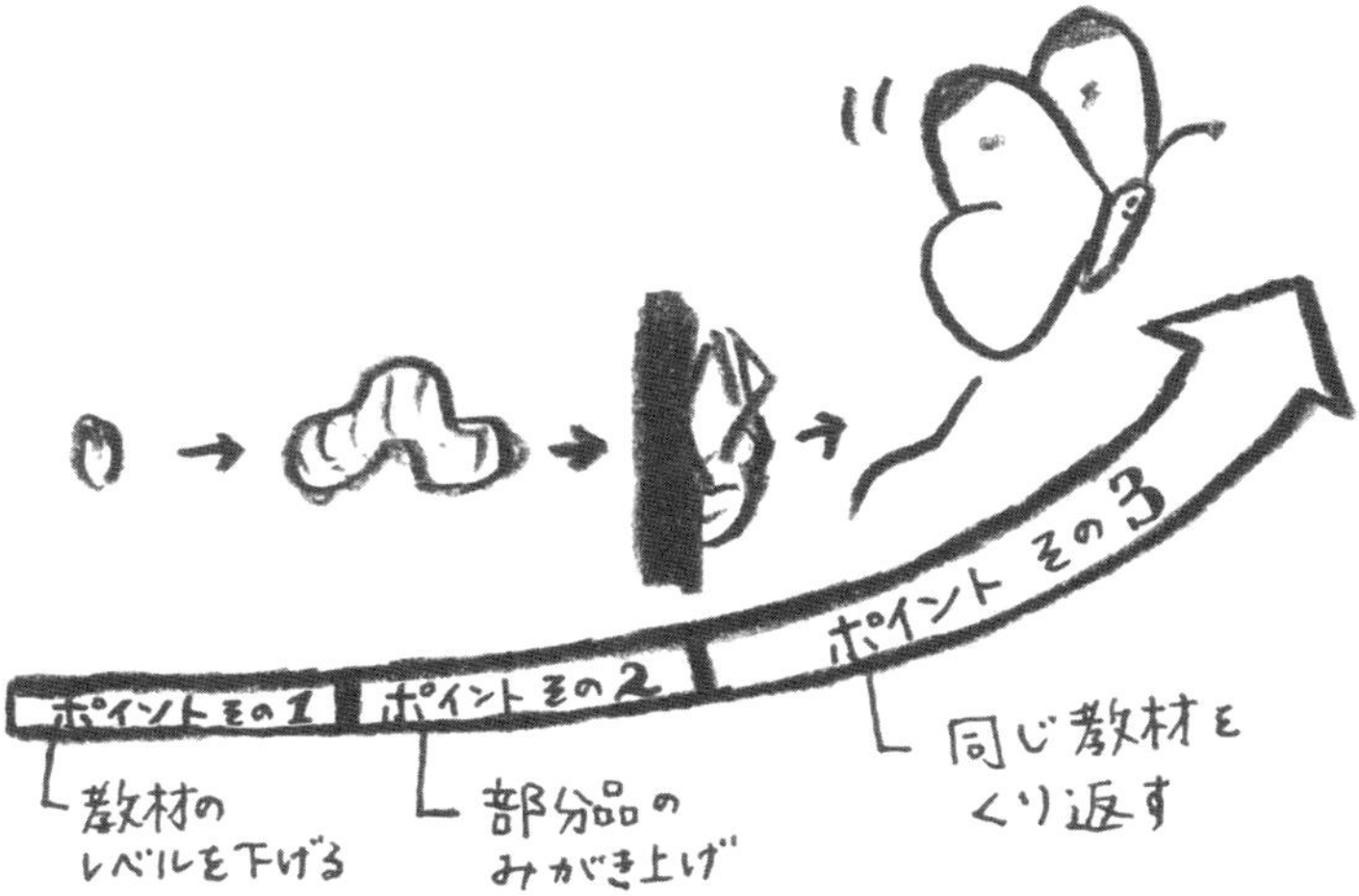

を下げる》や《ポイントその二：部分品《パーツ》のみがき上げ》だけだと〔レベル一〕の能力が〔レベル二〕になる程度ですが、それに《ポイントその三：同じ教材をくり返す》を加えると、〔レベル一〕の能力が〔レベル四〕にまで飛躍《ひやく》するような変化が起きるのです。

そういった変化を蝶《ちょう》の成長過程にたとえていうと、《ポイントその一》や《ポイントその二》だけだと、能力が卵から幼虫やサナギになったような中途半端《ちゅうとはんぱ》なところで止まってしまうということです。ところが、それらに《ポイントその三》を加えると、サナギが蝶《ちょう》に変身するような劇的で飛《ひ》躍的《やくてき》な変化が起きるのです。そしてそうなったときには、サナギが蝶《ちょう》になって空を飛び始めるように、それまでとは別次元の成果が出てきます。すなわち、今見た高校生のように、ほかの教科の授業までわかるようになったり、テストでもそれまでとは別次元の点数をとれるようになったりするのです。また、公式試合や入学試験の結果が決定的に変わるといった成果も出てきますし、出てきた成果もいつまでも残るようになります。

ところが多くの人は、《ポイントその一》や《ポイントその二》によって能力が卵から幼虫やサナギの段階に変化しただけで、「もうできるようになった」「もう能力がついた」「もう成果が出た」といって、それまで取り組んでいた易しい教材をすぐに卒業してつぎの難しい教材に進んでしまいます。そのため、能力の変化も中途半端《ちゅうとはんぱ》なもので終わるのです。そのようなことにならないためには、《ポイントその一》や《ポイントその二》がすんだ後もすぐに教材を進めず、《ポイントその三：同じ教材をくり返す》をしなければなりません。

ただし、「くり返し」といっても、《ポイントその一》や《ポイントその二》でも、ある程度のくり返しはしています。すなわち、最初は「えーと、えーと」と考えながらでなければできなかった教材を何回かくり返し練習し学習することで、それらをすらすらとできるようにしたのです。しかし、《ポイントその三》で行うくり返しは、《ポイントその一》や《ポイントその二》で行うくり返しとはちがいます。すなわち、それらが終了《しゅうりょう》した地点から始める、すでにすらすらとできるようになっている教材について行うくり返しなのです。

第二節　意識もせずに行える

「あたりまえ」になるまでくり返す

それでは、「えーと、えーと」が消えてすでにすらすらとできるようになっている教材をさらにくり返すと、そのできかたはそこからまたどのように変化するのでしょうか。

それは、今自分がそれを行っているということを意識もせずに行えるようになるのです。

たとえば、お箸《はし》を使う練習を始めた当初は、「えーと、えーと」と考えながらでなければできません。しかし、しばらくその練習をすると（つまり、《ポイントその一》や《ポイントその二》段階の練習をすると）、すらすらとできるようになります。そしてそうなってからもさらにお箸《はし》を使い続けると（それが、《ポイントその三：同じ教材をくり返す》を行うことになるのですが）、やがては意識もせずにお箸《はし》を使えるようになり、それをしながらでもそのことを忘れて人とおしゃべりなどができるようになるのです。

このように、それを行っているということを意識もせずに行えるようになるのが、ちょうど能力がサナギから蝶《ちょう》に変身したような段階です。そして、《ポイントその三：同じ教材をくり返す》

は、能力をその段階にまでもっていくために行うものなのです。

このことはつまり、「できかたの不十分さの解消」にも、つぎの二段階があるということです。すなわちその第一段階は、《ポイントその一：教材のレベルを下げる》や《ポイントその二：部分品《パーツ》のみがき上げ》を行うことで、「えーと、えーと」が消えてすらすらとできるようになる段階です。しかしそれは、できかたの不十分さの解消としてはまだ途中《とちゅう》の段階なのです。つぎの第二段階は、その同じ教材について《ポイントその三》のくり返しをすることで、それを行っているということを意識もせずに行えるようになる段階です。そしてそれが、できかたの不十分さが完全に解消された段階なのです。

私は学生時代、アルバイトで中学生に数学の家庭教師をしていました。性格のよい素直な男の子でしたが、あるとき学校で因数分解を習ったというので、教科書にのっている一《ひと》まとまりの八題ほどの練習問題をさせてみました。すると全部解け、その子はできたことがいかにもうれしそうで、また自慢《じまん》げでした。その子にしてみれば、そこで私から「よくできました」といってほめてもらい、「それではつぎに進みましょう」といってほしかったのでしょう。

しかしそのとき私は、「これは、一応できてはいるが、まだようやくすらすらとできるようになったばかりの段階なので（つまり、できかたの不十分さの解消がまだ第一段階なので）、もっとくり返しをさせる必要がある」と思いました。そこで、「それではもう一度、同じ問題をしてください」といったのです。

するとその子の表情がみるみるけわしくなりました。ほめてもらってつぎに進めるとばかり思っていたのに、ほめてくれないだけでなく、できたのにもう一度するようにいわれたので腹を立てたのです。そして腹立ちまぎれにもう一度して、やはり全問解けました。しかし私はかまわず、「もう一度」「もう一度」といってくり返しさせていったのです。

そのようにして同じ問題を何回も解かせていると、その子の表情が急におだやかになっていきました。おそらく、くり返しをしているあいだに、初め自分が「できた」と思っていた段階ではまだほんとうにできたことにはなっていなかったと気づき、ほんとうにできるようになるというのがどのようなことなのか（つまり、できかたの不十分さが完全に解消されるというのがどのようなことなのか）が体験的にわかってきたからだと思います。

そうして五回か六回、同じ問題をくり返し解かせて、もうよかろうと思ったところで、よくできるようになったことをほめたのです。ところがその子はきょとんとしています。「こんなできてあたりまえのことがどうしてほめられるのだろうか」といった表情なのです。ほんの三十分ほど前には「どうだ、できたぞ」といって、いかにもうれしそうに、またほめてほしそうにしていたのに、ほんとうにできるようになったときにはほめられることに合点《がてん》がいかなくなっていたのです。

つまり最初にできたときは、できることはできるが、まだ一生懸命《いっしょうけんめい》にやっている段階だったのです。そしてそうであったため、できたことがうれしくて自慢《じまん》でもあり、またほめてもほしかったのです。

しかし、そのような段階ではまだその教材を卒業してはならず、さらにくり返しの練習が必要なのです。そして、それをすることでできかたの不十分さが完全に解消されると、そのことを意識もせずに行えるようになり、できることがあたりまえすぎるようになります。そのため、人からほめられてもピンとこなくなるのです。

小さなころにお箸《はし》をようやく使えるようになったときには、人からそのことをほめてほしいと思うでしょう。しかし高校生にもなって、お箸《はし》を使うことがあたりまえすぎて、今自分がお箸《はし》を使っているということを意識もしていないときに、食堂でとなりに座ったおばさんから、「お兄ちゃん、上手にお箸《はし》が使えてえらいね」といわれたら、何をいわれているのかわからないでしょう。練習や学習では、取り組んでいる教材がその段階になるまで（つまり、自分がそれを行っていることを意識もしていないためにほめられてもピンとこない段階になるまで）くり返しを行わなければならないのです。

CとAのコードの練習だけでいつのまにかFが弾けるように

できかたの不十分さの解消をその段階までもっていくことで能力を飛躍《ひやくてき》的に変化させた例として、ギターの練習をした人の体験を紹介《しょうかい》しておきます。

その人は趣味《しゅみ》でギターの練習を始めたころ、CとAのコード（和音）はすぐに弾《ひ》けたのに、F

のコードはどうしても弾《ひ》けずに雲の上のような感じだったそうです。そこでFのコードの練習はあきらめ、CとAのコードばかりを練習していると、最初は指を確認しながら弾《ひ》いていたそれらのコードを、そのようにしなくても弾《ひ》けるようになり、やがてはテレビを見ながらでも弾《ひ》けるようになっていったそうです。そして、そのころにふと思いついてFのコードを弾いてみると、今度はいきなりそれが弾《ひ》けたというのです。

つまり、できない教材（Fのコード）は後まわしにして、できる教材（CとAのコード）だけを練習していると、最初は「えーと、えーと」と考えながらでなければ弾《ひ》けなかったそれらのコードを、そのように考えずともすらすらと弾《ひ》けるようになったのです。つまり、この段階では《ポイントその一：教材のレベルを下げる》を行ったことになります。

しかし、その人はCとAのコードの練習をそこでやめず、さらにくり返し行っていったのです。そうすると、やがてはテレビを見ながらでもそれらのコードを弾《ひ》けるようになった（つまり、《ポイントその三：同じ教材をくり返す》をすることでほとんど意識もせずに弾《ひ》けるようになった）のです。そして、そうなった後でFのコードを弾《ひ》いてみると、今度は簡単にそれが弾《ひ》けたというのです。

ギターをしているほかの人に聞いてみると、Fのコードというのは相当に難しく、少し練習したくらいでは弾《ひ》けるようにはならないものだそうです。そして、それが結局は弾《ひ》けるようにならなかったためギターをあきらめる人も多いとのことです。

そのような難しいコードですから、CとAのコードをただ《ポイントその一》で練習したくらいでは弾《ひ》けるようにはならなかったでしょう。そこからさらに、それらのコードについて《ポイントその三》のくり返しを行ったからこそ、能力にサナギから蝶《ちょう》への変身のような劇的で飛躍的《ひやくてき》な変化を起こさせることができて、Fのコードもいきなり弾《ひ》けるようになったのです。

つまり、CとAのコードの難易度をたとえば〔レベル一〕とすれば、Fのコードはそれよりも段階的に一つ高い〔レベル二〕のようなものではなく、〔レベル四〕といったように、少し難しさに断絶のあるものなのです。そして、《方法その一》だけでは〔レベル一〕の能力を〔レベル二〕にすることはできても、〔レベル四〕にまで飛躍《ひやく》させることはできません。そのような能力の飛躍《ひやく》を起こさせてFのコードを弾《ひ》けるようにするには、〔レベル一〕の教材であるCとAのコードについて《ポイントその三：同じ教材をくり返す》を行う必要があったのです。

このように、《ポイントその三：同じ教材をくり返す》ではつぎのことをします。

一、「えーと、えーと」と考えることなくすらすらとできるようになっていて本人が「もう、すんだ」と思っている教材を、そこからさらにくり返す。

二、それを行っているということを意識もせずに行えるようになるまでくり返す。

三、そうすることで、能力に劇的で飛躍的《ひやくてき》な変化を起こさせる。

《ポイントその三》の目的は、あくまでも、能力に劇的で飛躍《ひやくてき》的な変化を起こさせることです。しかし、それは結果的に達成すべきことであって、それを達成するための方法は、決して飛躍《ひやくてき》的にレベルを上げた教材に直接取り組むことではないのです。

ここでも、練習や学習における目的（出すべき成果）と、それを達成するための方法（取り組むべき教材）はちがっています。すなわち、能力を〔レベル四〕にまで飛躍《ひやく》させるためには、目的とする〔レベル四〕の教材（たとえばギターのFのコード）に直接取り組んではならず、その目的とはちがう〔レベル一〕の教材（CとAのコード）をくり返すことをしなければならないのです。

第三節　くり返しは退屈《たいくつ》か

露伴《ろはん》はくり返しを「悦楽《えつらく》」という

しかしそうはいっても、「同じ教材をくり返すことは退屈《たいくつ》だ」と思っている人も多いかもしれません。ところが実際には、くり返しをしないからこそ練習や学習が退屈《たいくつ》なものになってしまうのです。

私は、前節で書いた、中学生に因数分解の同じ問題を何回も解かせた経験をもとに、二十人ほどの高校生に因数分解の一《ひと》まとまりの同じ問題を立て続けに五回ほどくり返し解かせたことがあります。すると、始めてからしばらくして、何人かの生徒が問題を解きながら、「うぉー！」と歓声を上げているのです。どうしたのかと思い後で聞いてみると、「同じ問題をくり返ししていると、これまで経験したことのないレベルですらすらと解いている自分にびっくりして興奮《こうふん》した」というのです。

このように同じ教材をくり返すと、最初は「えーと、えーと」と考えながらでなければできなかった教材も、やがてはそのように考えなくてもすらすらとできるようになり、さらにはその問題を解いているということを意識もせずに解けるようになります。能力がちょうど、卵から幼虫、サナギをへて蝶《ちょう》に変身するような過程をたどって変化するのです。その高校生たちは、そういった能力の飛躍《ひやくてき》的な変化を短時間のうちに体験したため、歓声を上げずにはおれないような興奮《こうふん》を覚えたのです。

同じ教材をくり返せばこのように、退屈《たいくつ》どころか、興奮《こうふん》するような喜びが得られます。ところが、くり返しをしなければ能力に飛躍《ひやくてき》的な変化が起きないため、練習や学習がかえって退屈《たいくつ》なものになってしまうのです。

そのことを強調したのが、明治から昭和にかけて活躍した小説家・随筆家の幸田露伴《こうだろはん》（一八六七―一九四七）です。
露伴《ろはん》は、何かを学ぶさい、いちばん大切なことは、学ぶこと自体のなかに悦《よろこ》ばしさや楽しさ（つまり「悦楽《えつらく》」）を味わうことだと説いています。なぜなら、その悦楽《えつらく》を知れば学ぶことにおのずと夢中《むちゅう》になり没頭《ぼっとう》していくが、学ぶことをただの苦役《くえき》としか思わなければ、いくら一生懸命《いっしょうけんめい》にしようとしてもどうしても身が入らないからだというのです。そのことを彼《かれ》はつぎのように書いています。

学《がく》を為《な》すに当《あた》つて其《そ》の最も大切緊要《きんよう》なるは、学を為《な》すの中に楽しく悦《よろこ》ばしき境地の有るを知ることにして、修学の中に悦楽《えつらく》の言ふ可《べ》からざるものあることを覚ゆれば、おのづと学に勤《つと》め業を精《くは》しうするにも至れど、学問といふことを、唯是《ただこれ》骨の折れ根《こん》の尽《つ》きることのみなりと思ひ居《を》るやうにては、何程《なにほど》志を励《はげま》し意《こころ》に策《むち》ちて、屈《くつ》せじ怠《おこた》らじとしても、我《われ》知らず弛《ゆるみ》も隙《すき》も出るものなり。（幸田露伴《こうだろはん》『悦楽《えつらく》』、『露伴《ろはん》全集・第二十八巻』岩波書店、一九五四年）

それでは、学ぶこと自体のなかに悦楽《えつらく》を覚えるためにはどうすればよいのでしょうか。露伴は、そのために特別変わったことをする必要はなく、ただ学んだことをていねいにくり返せばよいと説いています。すなわち、くり返しをしさえすれば能力が確実に変化し向上するので、そこにうれしさや悦《よろこ》ばしさも覚えることになるというのです。

されば学問の滋味《じみ》〔すなわち悦楽《えつらく》〕は如何《いか》にして覚ゆるぞといふに、別に異《かは》りたる道のあるにはあらず、ただ誠実に学びたることを繰《くり》返し繰《くり》返して重《かさ》ね習ふ時は、おのづからにして得るところありて、嬉《うれ》しさ悦《よろこ》ばしさに人《ひと》知らぬ笑《ゑみ》の催《もよほ》さるゝばかりなるに至るのみ。

ところが、くり返しをしなければ悦楽《えつらく》を覚えることができないので学ぶことにも退屈《たいくつ》し、結局はそれを中途《ちゅうと》でやめることにもなると露伴《ろはん》はいうのです。

人は誰《だれ》しも学ぶことをば為すものなり。……されども折角《せっかく》学ぶは宜《よろ》しけれども、たゞ学ぶといふまでにて、重ぬる〔くり返す〕といふことを為《な》さゞれば、学の滋味《じみ》を知るに及《およ》ばざるを以て、退屈懈怠《たいくつけたい》の情《こころ》を生じ、或《あるひ》は半途《はんと》にして学を抛《なげう》ち業を捨つるにも至る。

練習や学習に没頭させるもの——くり返し

教育現場では、生徒に練習や学習への興味をもたせようとして、いろいろな工夫がなされます。たとえば、教材をカラフルにしたり、コンピュータによって動く画像を作ったり、時には漫画で教材を作ったりもします。

しかし、生徒に練習や学習への興味をもたせるためには、そのような手間やお金をかける必要はないのです。露伴《ろはん》がいうように、ただ同じ教材をていねいにくり返すことを彼《かれ》らにさせればよいだけです。そうすれば、因数分解を解いたときに高校生たちが示したような興奮《こうふん》を経験させることができるのです。

またそのように、練習や学習それ自体によって得られる喜びを与《あた》えるのでなければ、生徒をそれらにほんとうに真剣《しんけん》に取り組ませることはできません。にがい薬をいくらオブラートで包むような工夫をしても、オブラートへの関心がすんだらなかの薬は捨てられるだけです。

教育現場がそういったオブラート的な工夫に走るのは、実はそれをする大人たちが、練習や学習を、露伴《ろはん》がいうように、「唯是《ただこれ》骨の折れ根《こん》の尽《つ》きること」と思っているからかもしれません。練習や学習を、悦楽《えつらく》を与《あた》えてくれるものとは知らず、ただの苦役《くえき》としか思っていない大人たちが、どうにかしてそれをオブラートで包もうとしているのではないでしょうか。

練習や学習では、めざす成果のことはいったん忘れて、それとはちがった教材に取り組むことをしなければなりません。それは結構難しいことなので、「ウォーミングアップ」ということでそれをしやすくしてはどうかということを前に書きました（第一章 第七節および第二章 第六節）。しかし、めざす成果とはちがった教材に没頭《ぼっとう》するためのより本筋の方法は、その教材をていねいにくり返すことでそれへの取り組み自体のなかに「悦楽《えつらく》」を覚えるようにすることなのです。

教材をくり返すことをすれば、だれもが能力の飛躍的《ひやくてき》な変化を体験して興奮《こうふん》するような喜びを覚えます。ところがそういった喜びを得ていないのであれば、それは能力にそのような変化が起きなかったという証拠《しょうこ》なので、そこで行った練習や学習は単なるノルマ消化のようなものだったことになります。したがって露伴《ろはん》は、悦楽《えつらく》を味わえなかった練習や学習は、本人がいくらそれをしたといい張っても、ほんとうのところはそれをしたことにはなっていないとつぎのようにいうのです。

学を為《な》すの初《はじめ》より終《をはり》に亙《わた》りて、学を為《な》す者の常に多く親験《しんけん》〔親しく体験〕するの悦《よろこび》は、時に習ひ〔そのときどきにくり返しを行い〕漸《やうや》くに得る〔マスターする〕の悦《よろこび》なり。……この悦《よろこび》を嘗《な》め味《あぢは》はざる者は、学を為《な》せりといふと雖《いへど》、まことは猶《なほ》未だ学ばざるがごときのみ。

なお、ついでにふれておけば、露伴《ろはん》はくり返しによって一つのことを完全にマスターし終えた段階（自分がそれを行っているということを意識もせずに行えるようになった段階）を、「全く手に入《い》り了《をは》りて〔まったくマスターし終えて〕、一一《いちいち》に神《こころ》〔神経〕を使ふこと無く、空嘯《そらうそぶ》きながら」と表現しています。そのように、いちいち神経を使わずに鼻唄《はなうた》を歌いながらでもできるようになることが、《ポイントその三：同じ教材をくり返す》がめざす段階なのです。

第四節　時間の節約

くり返しこそが時間の節約につながる

このようにくり返しの大切さをいうと、多くの人は、「そうはいっても、一つの教材を何回もくり返す時間はない」と思うかもしれません。ところが実際には、くり返しをした方が、それをしなかった場合よりもはるかに時間の節約になるのです。

なぜなら、くり返しをすれば、またくり返しをすることによってのみ、能力は飛躍的《ひやくてき》に変化するからです。そして能力が飛躍的《ひやくてき》に変化すれば、それまでの能力のレベルだといくら時間をかけて四苦八苦してもできるようにはならなかった多くのことが、まったく時間をかけずにすぐに簡単にできるようになるのです。

たとえばギターの練習で、CとAのコードが弾《ひ》けたからといってその練習をすぐにやめてつぎのFのコードの練習にいくら長い時間をかけても、Fのコードが弾《ひ》けるようにはなかなか（あるいは、結局）なりません。ところが、CとAのコードをくり返し練習して能力のレベルを飛躍的《ひやくてき》に向上させておけば（たとえば、能力を〔レベル一〕から〔レベル四〕にまでいっきに上げておけば）

Fのコードは時間をかけずにすぐに簡単に弾《ひ》けるようになるのです。

くり返しは基本的《きほんてき》な教材だけを

くり返しが大切だからといって、必ずしもすべての教材を同じようにくり返す必要はありません。基本的な教材だけをくり返しておけば、それを発展させた教材やそれらを部分品として合成した複雑な教材は、あまりくり返す必要がなくなる場合も多いのです。

たとえば、参考書の基本問題だけをくり返し学習しておけば、発展問題は基本問題のどこをどのようにひねっているのかがつかめたり、複雑な問題は基本問題をどのように合成したものであるのかがつかめるようになります。そのため、発展問題や複雑な問題は、確認のために一通りか二通り流せばよいだけになったりするのです。

どのような教材をしても、すぐに「あー、なるほど」といって簡単にマスターしてしまう人がいます。そのような人を見ると、「自分たちとは素質がちがうのだな。うらやましいな」と思ってしまうでしょう。しかし、だれもが自分をそのような人間にすることは可能なのです。それは、できる教材（なかでもとくに基本的な教材）をくり返しておけばよいだけです。そうすれば、能力を〔レベル一〕から〔レベル四〕にまで飛躍《ひやく》させることができるので、途中《とちゅう》のレベルの教材はすべて、「あー、なるほど」ですむようになります。ところが、くり返しをしないと能力に飛躍的《ひやくてき》な変化が起きないため、〔レベル一〕から〔レベル二〕、〔レベル二〕から〔レベル三〕へと順次上がっていくたびに、「えー？　どうするのだろうか」といちいち時間がかかってしまうのです。

このように、練習や学習におけるいちばんの時間の節約は、能力に飛躍的《ひやくてき》な変化を起こさせることです。そしてそのような変化は、くり返しをすれば、またくり返しをすることによってのみ起こすことができるのです。

第五節　分量を減らす

不要なところはとばす

それではつぎに、《ポイントその三：同じ教材をくり返す》を実行するためのヒントを見ていくことにします。

まず、くり返しを行う前にどうしてもしておかなければならないのが、教材の分量を減らすことです。

言語学者の千野栄一《ちのえいいち》（一九三二—二〇〇二）は、外国語を学習するさいの教材は薄《うす》くなければならないとつぎのように書いています。

初歩の語学の教科書なり自習書は、薄《うす》くなければならない。……初歩の語学書に関しては……「大きな本は大きな悪」という格言は的を射ている。……一七世紀のチェコの教育学者で語学書執筆《しっぴつ》の名手であったヤン・アーモス・コメンスキー（コメニウス）も、「人間は限界の見えないものに恐怖《きょうふ》を感ずる」といっているが、まさにその通りである。（千野栄一『外国語上達法』岩波新書、一九八六年）

千野がこのことをいうのは、「人間は限界の見えないものに恐怖《きょうふ》を感じる」という理由からです。しかしそれとは別に、くり返しの観点からも、「教科書なり自習書は薄《うす》くなければならず、大きな本は大きな悪」といえるのです。

なぜなら、たとえば参考書の分厚いものは一通りするだけで精いっぱいですが、薄《うす》いものであれば何度でもくり返すことができるからです。したがって分量の多い教材については、くり返しのため、まずその分量を減らすことをしなければなりません。

P・G・ハマトンの『知的生活』には、読書についてのつぎの文章があります。

読書の技術は、要所をおさえながら、不要な箇所《かしょ》を飛ばし読みすることです。……自分にとって重要ではないものはすべて飛ばし、本当に必要なものは絶対見落さないこと。これが読書の技術です。（P・G・ハマトン『知的生活』、渡部昇一《わたなべしょういち》、下谷和幸《しもたにかずゆき》訳、講談社、一九七九

年）

ハマトンはこれを時間の節約の点から説いているのですが、くり返しの点からも、この「不要な箇所《かしょ》は飛ばす」ということは避《さ》けて通れないのです。

高校生や大学生に接していて不思議に思ったことが一つあります。それは、授業をいつもきちんと聴《き》いている生真面目《きまじめ》な人がかえって試験本番ではよい成績をとれず、少しちゃらんぽらんな人がよい成績をとることがあるということです。どこがちがうのかを見てみると、生真面目《きまじめ》な人は試験範囲《はんい》の教材をすべて網羅的《もうらてき》にしなければならないと思い込《こ》んでいて、結局は時間がなくて一通り浅くするだけで終わっているのです。それに対し、それほど真面目《まじめ》でない人は、すべてをしようなどとは初めから考えておらず、「ここだけをしておこう」というところをまずピックアップして、そこが出題されれば必ず解けるようにくり返ししているのです。

試験などできちんとした点数をとるためには、教材のくり返しは必須《ひっす》です。しかしくり返しを行うためには、要点以外は切り捨てて、教材をまず小さくしなければなりません。そして教材を小さくするためには、「もしも切り捨てたところが出題されたらどうしよう」という心配を払《はら》いのけ、「そのときはしかたがない。それでもかまわない」と度胸を決めることが必要なのです。

秋山真之《あきやまさねゆき》の大胆《だいたん》さ

日露《にちろ》戦争時の海軍参謀《さんぼう》として日本海海戦を勝利に導いた秋山真之《あきやまさねゆき》（一八六八―一九一八）について、司馬遼太郎《しばりょうたろう》はつぎのように書いています。

真之《さねゆき》は、戦略戦術の天才といわれた。が、ひょっとすると、天才ではないかもしれない。そのことはかれ自身が知りぬいていた……。

まず真之《さねゆき》の特徴は、その発想法にあるらしい。その発想法は、物事の要点はなにかということを考える。

要点の発見法は、過去のあらゆる型を見たり聞いたり調べることであった。かれ〔は〕海軍兵学校時代、その期末試験はすべてこの方法で通過した……。教えられた多くの事項《じこう》をひとわたり調べ、ついでその重要度の順序を考え、さらにそれに出題教官の出題癖《へき》を加味し、あまり重要でないか、もしくは不必要な事項《じこう》は大胆《だいたん》にきりすてた。精力と時間を要点にそそいだ。真之《さねゆき》〔は〕……

「人間の頭に上下などはない。要点をつかむという能力と、不要不急のものはきりすてるという大胆《だいたん》さだけが問題だ」

と言い、それをさらに説明して、

「従って物事ができる、できぬというのは頭ではなく、性格だ」ともいった。（司馬遼太郎『坂の上の雲（二）』文春文庫、新装版一九九九年）

くり返しにとって必要なのは、秋山真之がいう、「不要不急のものは切り捨てるという大胆《だいたん》さ」であって、それによって「大きな教材を小さくする」ことです。試験勉強であれば、出題頻度《ひんど》の低い難問奇問《きもん》のたぐいは切り捨てて基本問題や標準問題に教材をしぼり、それが出題されれば目をつぶってでも間違《まちが》いなく解けるようにくり返し学習しておかなければならないのです。

また、前節で書いた、「一つの教材を何回もくり返す時間はない」といった問題は、教材の分量を減らすことによっても解決します。たとえば教材を五分の一に減らしておけば、五回のくり返しを行っても練習や学習の時間を増やす必要はないのです。

大量の教材をカバーするにも小さな教材のくり返しが有効

もっとも、そのように小さくした教材をくり返すことに対しては、「自分は大量の教材をカバーしなければならないのに、そんなことをしていては埒《らち》があかない」と思う人もいるでしょう。

しかし、練習や学習においてほんとうに埒《らち》があかないのは、前節の「時間の節約」のところでも見たように、能力が変化しない（とくに飛躍的《ひやくてき》な変化をしない）ことなのです。いくら多くの教材

（たとえば五倍の分量の教材）でも、一通りしただけでは能力に大した変化は生じないので、それこそ埒《らち》があきません。しかし、五分の一の教材を五回くり返せば能力は確実に飛躍的《ひやくてき》に変化します。そうすれば、最初に切り捨てておいた教材のなかには、ざっと目を通すだけですませられるようになったり、あるいはまったくする必要がなくなったりするものもたくさん出てきます。そして、どのような練習や学習においても、能力に飛躍的《ひやくてき》な変化を起こさせる以外に、多くの教材を最終的にカバーできるようにする方法はないのです。

つまり、大量の教材をカバーできるようになるためには能力に飛躍的《ひやくてき》な変化を起こさせるほかはなく、能力に飛躍的《ひやくてき》な変化を起こさせるためにはくり返しを行うほかはなく、くり返しを行うためには教材を小さくするほかはない、ということなのです。

なおこういった点からすれば、問題集などは薄《うす》いものを選ぶことが原則になります。しかし、薄《うす》い問題集には解説が不親切で、ほとんど答しか書いていないようなものもあります。だからといって解説が行き届いている問題集や参考書は、どうしても分厚いものになってしまいます。それではどうすればよいのでしょうか。

そのような場合には、解説が親切な分厚い問題集や参考書を選び、そのなかの「類題」や「章末問題」は捨てて、解説がていねいにしてある「例題」だけをくり返すのです。大きな本もそのように小さくして使えばよいのです。

また、教材の分量を減らすことをとくに考えておかなければならないのは、教育産業の業者が提供する教材についてです。その理由の一つは、業者はどうしても受講者から、「内容に欠落しているところがある」と不満をもたれるのを恐《おそ》れて網羅的《もうらてき》な教材を作りがちだからです。またもう一つの理由は、業者は料金をとるので、受講者から、「多くの料金をとって、教材はたったこれだけの分量しかないのか」と不満をもたれることを恐《おそ》れて、「これでもか」というほど大量の教材を提供しがちだからです。そういったことのため、教育産業の業者が提供する教材の分量はどうしても多くなりがちです。そこで、受講生としてそのような教材を受け取ったときには、それをすべてしようなどとは考えず、その分量を上手に減らし、その小さくした教材についてくり返しをするようにしなければならないのです。

たとえば、教育産業の業者が提供する資格試験対策講座などに申し込《こ》むと、ダンボール箱《ばこ》いっぱいの教材がドスンと送られてきたりします。そうすると、生真面目《きまじめ》な人はそれを全部しなければならないと思い込《こ》んだり、金銭感覚の鋭《するど》い人は全部しなければもったいないなどと思ってしまいます。しかし、大量の教材全部に取り組んだのではくり返しができず、くり返しをしなければ能力を飛躍《ひやく》させることはできません。そうすると、その講座に申し込《こ》んだ目的（たとえば資格試験に合格するなどの目的）を達成することもできなくなるのです。

そのようなことにならないためには、ダンボール箱《ばこ》いっぱいの教材のなかから、人が見たら「たった、それだけか」と驚《おどろ》くほど少量の教材を選び出し、その小さくした教材をぼろぼろになるまでくり返すといったことをしなければならないのです。

第六節　暗記

暗記はくり返しを開始する地点

くり返しについては、それと暗記との関係も整理しておく必要があります。なぜなら、くり返しの大切さが暗記の点からいわれることも多いからです。

たとえば英語の先生のなかには、「英文を暗記しなさい」といって、その音読や筆写のくり返しを生徒に行わせる人がいます。また楽器を教える先生のなかには、「曲を覚えるまでくり返し練習しなさい」と要求する人がいます。つまり暗記が目的で、そのための手段としてくり返しが必要だというのです。

たしかに暗記を目的にすれば、ある程度のくり返しは必要になります。しかし、暗記を目的にすれば、かえってくり返しが不十分にもなってしまうのです。なぜなら、ようやく暗記した段階というのは、最初の「えーと、えーと」が消えて一応すらすらとできるようになった段階とそれほど変わらないからです。そうなるためにも多少のくり返しは必要ですが、しかしその段階というのは、実はくり返しを終了させる地点ではなく、そこからその同じ教材について《ポイントその三》のくり返しを開始させる地点なのです。そして、そのすでに暗記した教材をさらにくり返すことで、その教材をほとんど意識もせずにこなせる段階までもっていかなければならないのです。

その段階というのは、英単語であれば「dog」や「cat」といった単語についてのような段階です。そういった単語は、暗記している意味やスペリングをわざわざ思い出して使うようなことはしていません。「dog は dog で cat は cat」というだけで、今それらの単語についての知識を使っているということを意識もせずに、その知識を使っているのです。

またその段階を楽器でいえば、一つの曲を楽譜《がくふ》も見ずに間違《まち》えずに弾《ひ》くことは、あまりにも当然のこととして意識もせずに行える段階です。そうなって初めて、曲全体の流れや細部の表現などを考えながら弾《ひ》くことができるのです。

関口存男《せきぐちつぎお》の「語学上達の秘訣十箇条《ひけつじっかじょう》」

ドイツ語学者の関口存男《せきぐちつぎお》（一八九四―一九五八）は「語学上達の秘訣十箇条《ひけつじっかじょう》」というものを示していますが、それもこういった観点から理解すべきものと思われます。

彼《かれ》はその十箇条《じっかじょう》を示すに先立ち、その受け取り方には十分注意するようにと、つぎのような前《まえ》口上《こうじょう》を述べています。

では本講座〔『関口・初等ドイツ語講座』〕の読者に限って、目下《もっか》専売特許出願中の、十箇《じっか》条《じょう》からなる「語学上達の秘訣《ひけつ》」を秘密に公開しておきましょう。断っておきますが、以下の各項《かくこう》は、お互《たがい》にきりはなせない内面的関係があるのでありまして、その一を除いて他を考えることの不可能なるはもちろんのこと、その中のたとえ一箇条《いちかじょう》が欠けても全体が意味をなさなくなる、ことほど左様《さよう》にねりにねった名プログラムなることをお忘れなきようおねがい致《いた》します。(関口存男『関口・初等ドイツ語講座　中巻』三修社、一九七五年)

そして彼は、次のような「語学上達の秘訣十箇条《ひけつじっかじょう》」を示しています。

第一条　慣れる事
第二条　慣れる事
第三条　慣れる事
第四条　慣れる事
第五条　慣れる事
第六条　慣れる事
第七条　慣れる事
第八条　慣れる事

第九条　慣れる事

第十条　慣れる事

関口はこの十箇条《じっかじょう》を示した後、読者とのあいだのつぎのような想定問答を書いています。

〔読者〕なんだ、要するに慣れろという一言でつきるじゃありませんか。

〔講師〕いや、それは誤解です。そういう誤解をされはしないかと思って実は内々心配していたのです。「要するに慣れる」なんてのじゃありませんよ。その「要するに」がはなはだいけない。要したりなんぞするからムチャクチャになってしまうのです。どうか要したりなんぞしないで下さい。要するが如《ごと》きは実に寒心《かんしん》の至りです。……

〔読者〕ではどうしたらよいのです。

〔講師〕各条項《かくじょうこう》を順を追って実行するのです。先ず慣れる、その次には慣れる、それからまた慣れる、慣れてしまったら今度は慣れる、そうしてから後でまた慣れる、それからまた改めて慣れる、それからまた更《さら》に慣れる、すると今度は慣れる、遂《つい》には断然慣れる、その上もう一つ慣れる、——これでおしまいです。

〔読者〕まるで禅《ぜん》の問答みたいですね。

〔講師〕いや、ごく当り前のことを言っているのです。これより外に語学に上達する秘訣《ひけつ》はありません。あったら皆《みな》さんの前で切腹して見せます。頭の良し悪しなんてことは全然関係しない。慣れれば誰《だれ》だって頭が良くなるのです。しかし、並《なみ》や大抵《たいてい》の慣れ方では駄目《だめ》です。『要するに』なんてのは駄目《だめ》です。そんな量見ではとうてい上達の見込《みこ》みがありません。

語学の学習というと、暗記を目的にすることが多いような印象があります。しかし実際には、関口がいうように徹底的《てっていてき》に慣れることで、学んだ知識を「dog」や「cat」といった単語についてのような段階にまでもっていかなければならないのです。そして、その段階に到達《とうたつ》するためには、「頭の良し悪しなんてことは全然関係しな」くて、ただくり返すことをすればよく、それをしさえすれば「誰《だれ》だって頭が良くなる」のです。またそれは語学に限られることではないのです。

第七節　とりあえず五回

目安としてのくり返し回数「五回」

それではくり返しの回数は、具体的には何回くらい必要なのでしょうか。関口存男の「語学上達の秘訣《ひけつ》」は十箇条でした。もちろん、「十箇条《じっかじょう》」というのはくり返しの回数の「十回」ということではなく、ただ徹底的《てっていてき》に慣れるようにせよという意味でしょう。そうであれば、徹底的《てっていてき》に慣れるために必要なくり返しの具体的な回数は、いったい何回なのでしょうか。それは百回なのでしょうか、それとも千回、一万回なのでしょうか。

たとえば語学や音楽などを一生の仕事にしようとする場合には、朝から晩まで教材から一時《いっとき》も離《はな》れず、そういった回数をこなす必要があるのかもしれません。しかし、ほかにもいろいろなことをしているなかの一つとして何かの練習や学習を行う場合には、その一つひとつの教材を百回、千回、一万回とくり返すことは現実的ではありません。それでは、そういった場合のくり返しの回数は何回くらいを考えておけばよいのでしょうか。

もちろんそういった場合でも、そのときどきの目的や状況《じょうきょう》のちがいによって、必要な回数は変わってきます。しかしそれでも、「とりあえずの目安の回数」はもっておいた方がよいかもしれません。そうでなければ、くり返しをしようという気にもなりませんし、くり返しをしたとしてもそれを打ち切るタイミングがわからず一つの教材を際限なく《エンドレスに》くり返すことにもなりかねないからです。

その、とりあえずの目安の回数としては「五回」がよいと思います。くり返しというと、百回とか千回といった回数を想像するかもしれません。もちろん、今も述べたように、そういった回数が必要な練習や学習もあるでしょう。そしてそういった回数からすれば、五回というのはいかにも少なすぎるような印象があると思います。しかしとりあえずの回数としては、「五回」というのを一つの単位として念頭においておくと便利です。

五回のうちの最初の二、三回は、《ポイントその一：教材のレベルを下げる》や《ポイントその二：部分品《パーツ》のみがき上げ》の段階です。「レベルを下げたできる教材」や「部分品についての基本教材」に取り組めば、多くの場合、二、三回のくり返しで「えーと、えーと」が消えて、一応すらすらとできるようになります。蝶《ちょう》の成長過程でいえば卵から幼虫やサナギになるような段階で、それだけでもそれなりの成果は出てきます。

しかし、そこでくり返しをやめてしまうと、せっかくの能力の伸《の》びが中途半端《ちゅうとはんぱ》なもので終わります。そこからさらに、《ポイントその三：同じ教材をくり返す》として四回目、五回目のくり返しを行うと能力に飛躍的《ひやくてき》な変化が起こり、サナギから蝶《ちょう》への変身が完了《かんりょう》するのです。

このように五回という回数は、百回、千回といった回数からすれば少ないようですが、他方かららすれば、「三回ではなく五回」といったことでもあります。つまり、「百回も千回もくり返さない代わりに、せめて三回ではなく五回はくり返す」ということなのです。三回と五回では、能力がサナギにとどまるか、それとも蝶《ちょう》にまで変身するかのちがいが出てくる場合が多いからです。

ある人が英語の能力検定試験（九百九十点満点）を受けてみたら三百三十点しかとれなかったので、もっと高い点数をとれるようになるにはどうすればよいのかを私のところに相談に来たことがあります。英語は私の専門ではないので、つぎの二つのことだけをアドバイスしました。

一、自分が「これならできる、これならしたい」と思う参考書を一冊買ってくる。
二、その参考書をていねいに五回くり返す。

その人はこのことをしただけで、五カ月後にはその検定試験の点数が七百八十点にまでなりました。このような試験では、あるところまで点数が上がった後は伸《の》びが頭打ちになることも多いようですが、その人は約一カ月ごとにある試験で毎回百点前後コンスタントに点数が上がっていき、最後まで頭打ちになることはありませんでした。そしてその後、教材を別のものに変えても点数の伸《の》びはとまらず、八百点台、九百点台へと上がっていったのです。

これと同じアドバイス（「自分が、『これならできる、これならしたい』と思う参考書を一冊買ってきて、それをていねいに五回くり返してください」というアドバイス）を、物理の勉強のしかたを相談に来た高校生にもしたことがあります。彼《かれ》は大学入試センター試験の過去の問題を解いてみたところ、まったく解けずに「メロメロだった」そうです。しかし、夏休み前から二カ月ほどこの方法で勉強したところ、九月には国立大学・理系の過去の入試問題に、「こんなに易しい問題だとだれもが簡単に解けて差がつかないでしょう」といった感想を述べるほどになりました。

生物が不得意科目だと相談に来たほかの高校生にも、「易しい問題集を選び、それを五回ていねいにくり返してください」とアドバイスしたことがあります。その高校生は早速、易しい問題集を買ってきてそれを五回くり返し、それこそ「答を覚えるくらいにした」そうです。そうするとそれからは、生物ではいつも九十点以上の成績をとれるようになりました。

また、知り合いの社会人にも同じようなアドバイスをしたことがあります。その人は仕事で、あるパソコンソフトを使っていたのですが、それをもっと使いこなせるようになるため一度きちんと勉強し直しておきたいというのです。また、そのときに仕事でかかえていた問題もあり、それをそのソフトを使って処理できるようにもしたいとのことでした。そこで、「基本的でわかりやすく、しかも薄《うす》い参考書を買ってきて、すべての章を五回、ていねいにくり返してください」とアドバイスしました。

買ってきた参考書の第一章はほとんど知っている基礎的《きそてき》なことばかりで、少し確認することがある程度の易しい内容だったそうです。しかしその人は、勉強を一章ずつ進めていくと同時に、どんなに易しい第一章のようなところにもときどきもどって、すべての章を五回くり返したのです。

それでは、そのときに仕事でかかえていた問題の処理の方法はその参考書に書いてあったのかというと、第一章を五回目にしたときにそこに見つけたそうです。すでに知っていることばかりだと思っていた第一章にその処理の方法は書いてあったのに、そのソフトについての理解のレベルがサナギから蝶《ちょう》に変身するまではその方法を使えばよいことに気づかなかったのです。

また、人前でプレゼンテーションをする人にも、「予行演習は、三回ではなく五回するように」とアドバイスしています。三回の予行演習では、実際に人前に立ったときに時間配分や質問に対する受け答えに余裕《よゆう》をもてないことが多いのですが、五回の予行演習をしておくと、そういったことにも十分の余裕《よゆう》をもって対処できるようになるからです。

教員免許状《めんきょじょう》取得のため高校に教育実習に行くことになった大学生が、授業をうまくできるかどうかを心配していました。そこで、「一つの授業の準備は五回くり返すように」とアドバイスしておきました。

その大学生が教育実習から帰ってきたとき、「準備は、五回ではなく、三回ではだめだろうか」と聞いてみました。というのも、くり返しの回数はできれば少ない方が時間とエネルギーの節約になるので、三回のくり返しですむのであれば何も五回もくり返す必要はないと思い、参考のため、実際に教育実習に行って授業をしてきた彼《かれ》の意見を聞いてみたのです。

すると、「三回では不十分で、やはり五回必要でした」というのです。教育実習期間中、時間がなくて準備を三回しかくり返さなかった授業では余裕《よゆう》をもてずにあたふたしてしまったが、準備を五回くり返した授業はすべてに余裕《よゆう》をもって行うことができたということでした。

五回で効果のない場合は……

なお五回くり返しても、能力にサナギから蝶《ちょう》への変身のような変化が起きないことがあります。そのような場合、人によってはくり返しの回数を増やそうとするのかもしれません。つまり、五回でそのような変化が起きなければ、さらに十回、二十回とくり返すことでそれを起こさせようとするのです。

しかし、五回でそういった変化が起きない場合には、ただ回数を増やしてもうまくいかないことが多いようです。というのも、そのような場合には選んだ教材がそもそも難しすぎたり複雑すぎたのです。《ポイントその一：教材のレベルを下げる》や《ポイントその二：部分品《パーツ》のみがき上げ》をきちんと行い、「レベルを下げたできる教材」や「部分品についての基本教材」を選んでいれば、多くの場合、五回のくり返しで能力は確実に大きく変化するのです。

そのように、選んだ教材が適切であるかどうかを判定するためにも、「五回」という回数は一応の目安になります。五回のくり返しで能力に大きな変化が起きなければ、くり返しの回数を増やすのではなく、その教材は難しすぎたり複雑すぎたのだとしていったん後まわしにして、もう一度、「レベルを下げたできる教材」や「部分品についての基本教材」を選び直さなければならないのです。

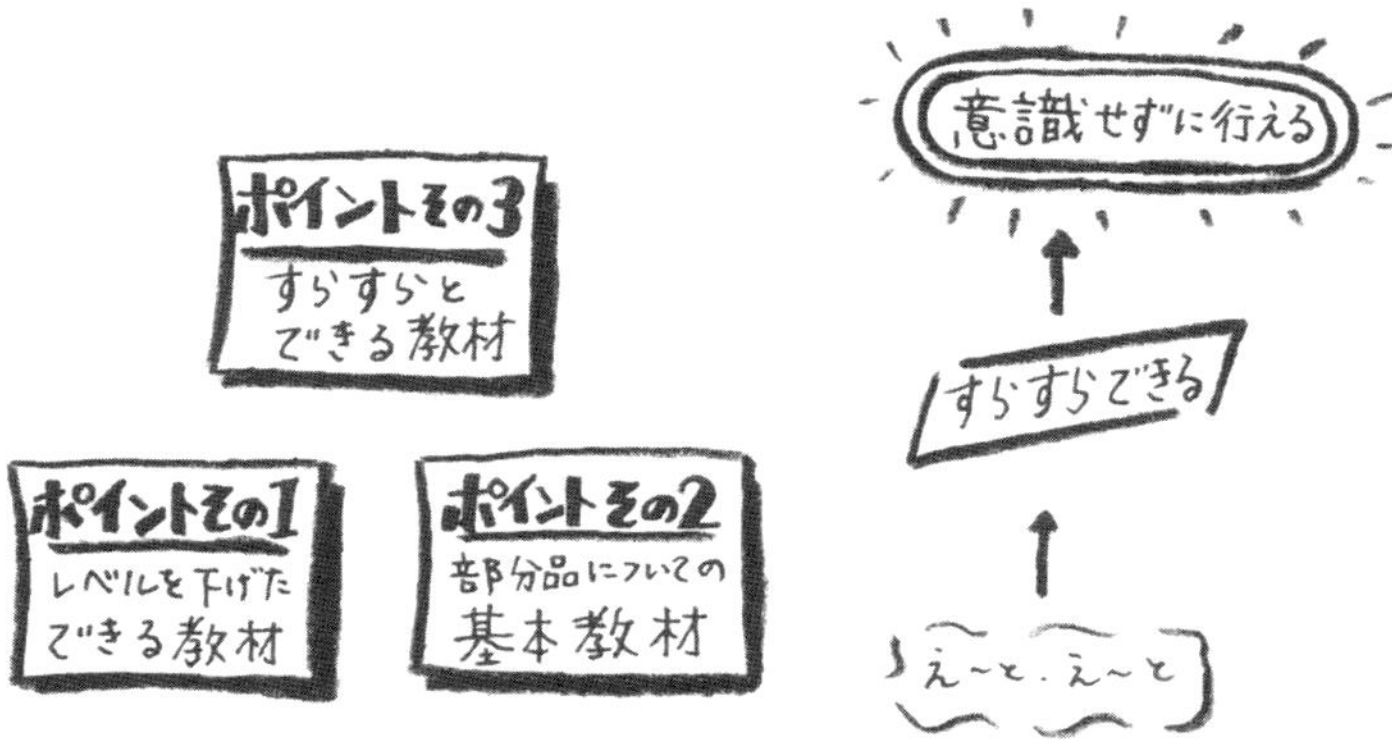

ただし五回というのは、一つの単位としてとりあえず念頭においておく目安の回数です。必要によっては、五回という回数をワンセットにして、それを何セットか（あるいは何セットも）行うとよいでしょう。ちょうど私が小学三年生に、一、二年生の漢字を五回ずつ書かせることを二セット行わせたようにです。「五回くり返してはインターバル（練習と練習のあいだの休憩《きゅうけい》）をとり、また五回くり返してはインターバルをとる」というようにしていくとよいのではないでしょうか。

以上のように、《ポイントその三：同じ教材をくり返す》では、上の図のように、《ポイントその一：教材のレベルを下げる》や《ポイントその二：部分品《パーツ》のみがき上げ》によってすらすらとできるようにした同じ教材をさらにくり返し、それを行っているということを意識もせずに行えるようにするのです。

第八節　教材のレベルはいったいいつ上げるのか

「できない」が「できる」になってから新しい「できる」に進む

以上、第一章からここまで、《ポイントその一》から《ポイントその三》までを見てきました。ところが、それらを行う方法に対しては、よくつぎの疑問が出されます。それは、「教材のレベルはいったいいつ上げるのか」という疑問です。すなわち、「《ポイントその一》や《ポイントその二》では教材のレベルを易しい教材（「できる教材」や「部分品についての基本教材」）にまで下げることをし、《ポイントその三》では同じ教材に立ちどまってそれをくり返すことをするが、それでは教材のレベルはいったいいつ上げるのか」というのです。

もちろん、この方法がいつまでも教材のレベルを上げないわけではありません。それどころか、教材のレベルをスムーズに上げるためのいちばん有効な方法として、教材のレベルを下げることや同じ教材に立ちどまることをしているのです。

すなわち、教材のレベルを下げればそれまでできなかった難しい教材（「レベルの高い教材」や「複雑な教材」）がすぐにできるようになるので、教材のレベルをスムーズにそこまで上げられるようになります。また同じ教材に立ちどまってそれをくり返せば、たとえば〔レベル一〕の能力を〔レベル四〕にまで飛躍《ひやく》させられるので、教材のレベルを一挙にそこまで上げられるようになるのです。

しかしそれにしても、この方法では実際にはどのようにして教材のレベルを上げていくのでしょうか。それは、教材のレベルを下げることや同じ教材に立ちどまることと同じで、「できる教材だけを選ぶ」というやり方でです。

すなわち、「できる教材を選ぶ」ためには、たしかに、教材のレベルを下げることや同じ教材に立ちどまることをしなければならない場合は多くあります。しかし、そこで取り組んだ教材によって能力のレベルを上げれば、以前は「できない教材」として後まわしにしていた教材が、気がついたときには「できる教材」になっています。そしてそうなってから、今度はその教材を（教材の選び方としては同じように）「できる教材」として選んで、教材のレベルをそこまで上げるのです。

たとえばギターの練習の場合、最初はCとAのコードだけが「できる教材」で、Fのコードは「できない教材」です。そこで最初はCとAのコードを選んで練習をしていると能力が上がり、気がついたときにはFのコードもできるようになっています。そしてそうなってから、今度はFのコードを同じく「できる教材」として選んで、教材のレベルをそこまで上げるのです。

取り組む問題集のレベルを上げる場合も、同じようにして行います。たとえば、標準レベルの問題集がもしも「できない」（あるいは「難しい」）のであれば、それは選ばずに後まわしにします。そして、基本レベルの問題集は「できる」（「易しい」）のであれば、そちらを選びます。そうしてその問題集を、たとえば三回くり返したところで標準レベルの問題集を見てみると、やはり「できない」（「難しい」）のであればそれにはまだ進まずに基本レベルの問題集にとどまり、それをさらに四回目、五回目とくり返します。その後でまた標準レベルの問題集を見てみると、今度はそれが「できる」ようになっていれば、その段階で初めてそれに進むのです。

一冊の問題集を進めていくさいにも、同じようにして行います。すなわち、まず学習のスタートラインを、「そこまで易しくする必要はないのではないか」と感じられるほど易しいところ（つまり、確実に自分ができるレベル）にまで下げます。そうしてそこから教材を進めていくのですが、途中《とちゅう》で少しブレーキがかかってきたように感じ出したら（つまり、教材が少し「難しい」と感じ出したら）、それは、「そろそろ教材のレベルが能力を超《こ》え出している」という信号なので、その教材からはすぐに撤退《てったい》して、再び思い切って教材のレベルをずいぶんと低いところまで下げるのです。

そのときにも、レベルの下げ惜《お》しみをせず、「そこまで下げる必要はないのではないか」というところまで念のために下げておき、そこから教材を再び進めていきます。そうすると、以前はブレーキがかかったように感じたところは今度は楽々と通過できることがほとんどなので、さらに教材を進めていくと、またブレーキがかかるように感じるところが出てきます。そうしたらそこで再び思い切って教材のレベルを下げる、といったことをくり返すのです。そのようにして、常に「できる教材だけを選ぶ」ということをしながら、教材のレベルを下げたり同じ教材をくり返したり、また教材のレベルを上げたりしていくのです。

登れない壁《かべ》にぶつかったら登れる壁《かべ》にもどって要領《ようりょう》を確認

ボルダリング（bouldering）という、ロッククライミングの一種で、岩の壁《かべ》を靴《くつ》だけで登るスポーツがあります。それぞれの壁《かべ》は難易度がちがっていて、いちばん易しいものは初心者でもすぐに登れます。しかし、壁《かべ》の難易度を上げていくとだんだんと登りにくくなり、やがては登れなくなるのです。

それでは、そうした難しい壁《かべ》を登れるようにするにはどうすればよいのでしょうか。もしもそれをする人が、「できる教材」をする必要はなく「できない教材」にこそ取り組むべきだと思っていれば、簡単に登れる壁《かべ》には取り組まず、難しい壁《かべ》や登れない壁《かべ》にばかり取り組んでそれを克服《こく》しようとするでしょう。しかし、これまで見てきた方法を教えていた大学生は、それをつぎのようにしてみたそうです。

それは、難しい壁《かべ》にぶつかったらそれには取り組まず（すなわち、それはいったん後まわしにして）、自分が簡単に登れた易しい壁《かべ》にもどるのです。そうしてそこから、登り方の要領《ようりょう》などを確認しながら、もう一度、壁《かべ》の難易度を上げていくのです。そうすると、以前は難しいと感じた壁《かべ》も今度は簡単に登れ、また登れなかった壁《かべ》も登れるようになっているので、そこからさらに壁《かべ》の難易度を上げていくと、再び難しく感じたり登れない壁《かべ》にぶつかります。そうしたらそこでまた自分が簡単に登れた壁《かべ》にもどる、といったことをくり返すのです。そのようにしていると登る要《よう》領《りょう》がしだいにつかめてきて、それまで難しかったり登れなかったりした壁《かべ》も確実に克服《こくふく》していけたというのです。

「できる教材だけを選ぶ」という鉄則

練習や学習の目的は、あくまでも能力を高いレベルにまで上げることです。そしてそのためには、どこかで教材のレベルを上げていかなければならないのはもちろんです。

しかし、目的とする高いレベルにスムーズに到達《とうたつ》するためには、取り組むのはあくまでも「できる教材」でなければなりません。教材のレベルを下げることも、同じ教材に立ちどまってそれをくり返すことも、また教材のレベルを上げることも、どれもこの「できる教材だけを選ぶ」という鉄則を守りながら行っていかなければならないのです。

第四章

ポイント その四

ゆっくり
ていねいに

第一節　細部の把握《はあく》と修正

細部の確認のための「ゆっくりていねいに」

どのような練習や学習を行う場合にも、以上見てきた三つのポイント（《ポイントその一：教材のレベルを下げる》《ポイントその二：部分品《パーツ》のみがき上げ》《ポイントその三：同じ教材をくり返す》）を適宜《てきぎ》使い分けていくことが基本になります。

しかし、そのうちのどれを行うにしても、必ずそれと重ね合わせて実行しなければならないのが、《ポイントその四：ゆっくりていねいに》です。

前に、できない教材の難易度のレベルを下げる方法として、「スピードを落とす」ということを見ました（第一章 第四節）。すなわち、楽器で速く弾《ひ》くことができない箇所《かしょ》があるような場合、スピードを落とすことでその箇所《かしょ》の難易度をできるレベルにまで下げるというものでした。しかし、そのように教材のレベルを下げるためとは別に、練習や学習は常に《ゆっくりていねいに》行わなければならないのです。

なぜなら、それをしなければ練習や学習が細部への注意の行き届かない雑なものになり、その結果として、かえって精度の低い雑な能力を作ってしまうことになるからです。

たとえば、テニスのラケットの素振《すぶ》りにしても、速いスピードですると一瞬《いっしゅん》で振《ふ》り終わってしまいます。そうすると、ラケットを振《ふ》っていく途中《とちゅう》のフォームの細部を一つひとつ把握《はあく》し修正していくことができません。そして、そのようにしてラケットを何回振《ふ》っても、振《ふ》れば振《ふ》るほど悪い癖《くせ》を残したままの雑なフォームがますます身についていくだけなのです。

ところが、ゆっくりていねいにスローモーションで素振《すぶ》りをすると、途中《とちゅう》のフォームの細部（たとえば、足のかまえや肘《ひじ》、膝《ひざ》の使い方など）を十分に把握《はあく》し修正していけるので、精度の高い正確なフォームを作っていくことができるのです。そのようにしてゆっくりていねいに素振《すぶ》りの練習をした人は、実際にボールを打ってミスをしたときにも、「今のミスは体のどの部分がどのようになっていたためだ」と、すぐにその原因がわかるようになるようです。

数学の問題を解く場合でも、速くさっさと解いてしまうと、途中《とちゅう》の手順の意味を考える暇《ひま》もなく、習った通りに機械的に解いて答を出すだけです。ところが、速く解ける問題もあえてゆっくりていねいにスローモーション気味に解いていくと、どうしてここではこのような手順を使うのかといった意味もつかめてくるのです。

大相撲《おおずもう》で、昭和以降、最速の三場所で新入幕を果たした遠藤聖大《えんどうしょうた》のことが新聞で紹介《しょうかい》されていました。小学生のときに相撲《すもう》教室で教わった四股《しこ》を、今も細かく神経を行き届かせながらゆっくり行っているというのです。

相撲《すもう》との出会いは、小学1年生のとき。父親に連れられ、「嫌々《いやいや》通っていた」という地元の相撲《すもう》教室に、いつしかのめり込《こ》んだ。日大4年だった昨年、アマ横綱《よこづな》に輝《かがや》いた大器だが、教室で教わった四股《しこ》を今も大切にする。「足を上げ、3秒止めてから下ろす」。体重移動や体の構えなどに気を配りつつ、約1時間かけてゆっくり繰《く》り返す。(讀賣新聞、「顔」欄《らん》、二〇一三年九月三日)

帚木蓬生《ははきぎほうせい》の小説『ヒトラーの防具』には、戦前(一九三八年)のベルリンに日本から派遣《はけん》された陸軍中尉《ちゅうい》の青年と、彼《かれ》の木刀の素振《すぶ》りの稽古《けいこ》を見たベルリン交響《こうきょう》楽団のオーボエ奏者とのつぎの会話が描《えが》かれています。

……「オーボエの練習も……不得手のフレーズがあれば何回もそこを練習します。それもテンポをおとして、ゆっくりとやるのです。……もしかしたら、そのあたりが剣《けん》の道と同じなんでしょうね」

「難解な箇所《かしょ》はできるだけゆっくり演奏してみるとおっしゃいましたね。そこは剣道にも共通しています。動作を完全に自分のものにするには、ゆっくりした大きな動きを繰《く》り返す必要があります。小手先だけの速い動きはどれだけ積み重ねても、悪い癖《くせ》を強化するだけです」(帚木蓬生『ヒトラーの防具(上)』新潮文庫、一九九九年)

彫刻家《ちょうこくか》のロダン（一八四〇—一九一七）は、「芸術はのろさを要求する」と述べていますが、どうしてのろさが必要なのかについてはつぎのように説明しています。

> 心は敏捷《びんしょう》であるに及《およ》ばぬ。なぜといえばのろい進歩はあらゆる方面に念を押《お》す事になるからである。（『ロダンの言葉抄《ことばしょう》』高村光太郎《たかむらこうたろう》訳、岩波文庫、一九六〇年）

スピードを落としてゆっくりていねいにのろく行わなければ、細部に念を押《お》すことができないのです。

雑な練習や学習によって精度の低い能力をいったん作ってしまうと、初歩的なレベルのときには何とかごまかせても、レベルが上がっていくとまったく通用しなくなります。いわゆる筋がよいとか悪いというのは、こういったことも関係しているのではないでしょうか。

発見のための「ゆっくりていねいに」

またスピードを落としてゆっくり行うと、細部の把握《はあく》や修正ができるだけでなく、細部や細部同士のつながりなどについての発見も出てきます。それはちょうど、知らない町を自動車で通った場合と歩いて通った場合のちがいのようなものです。すなわち、知らない町を自動車で通ると、大きな建物の位置などはだいたいつかめますが、そうやって何回その町を通っても、あまりそれ以上の深まりのある把握《はあく》はできません。ところがその町を、ときどきは立ちどまりながらゆっくり歩いてみると、いろいろな発見が出てきます。「おや、こんなところにこんな建物があったのか」といった町の細部も見えてきますし、そういった細部同士のつながりも、「この建物とこの建物はこの道でつながっているのか」といったようにわかってくるのです。

教材を速いスピードでしてしまうと、細部や細部同士のつながりなどについてのそういった発見がありません。そのため、練習や学習がしだいにおもしろくなくなってもきます。ところが、教材にあえてゆっくりていねいに取り組むと、それまでわかっていると思っていたことにつぎつぎと発見があるので、練習や学習がどんどんおもしろくなってくるのです。練習や学習がおもしろくないという人は、教材に取り組むスピードが速いため何の発見もないことがその原因になっている場合が結構多いのです。何かを発見したければスピードを落とせばよいのですし、何も発見したくなければスピードを上げればよいのです。

このように、精度の高い能力を作るためにも、また教材についての発見があるためにも、練習や学習においては常に、《ポイントその四：ゆっくりていねいに》を行わなければなりません。私もスポーツや勉強の指導をするさいには、最終的には、「ゆっくりていねいにしてください」ということしか注意しなくなります。そのことを忘れさえしなければ、《ポイントその一》から《ポイントその三》までのどれを行っても、それぞれできちんとした成果を出すことができるでしょう。しかし、そのことを忘れてしまえば、どれを行っても何の成果も出ないおそれがあるのです。

体育実技が「5」になったスポーツが苦手だった高校生のケース

私の知り合いの高校生が、サッカーのボールを速いフォームで力いっぱいにける練習をしていました。彼《かれ》はサッカー部に所属していたわけではなく友だちと楽しみでサッカーをするために練習していたのですが、それを見て、これでは上手にならないと思ったので、つぎのように練習の方法を変えるようアドバイスしました。それは、「そんなにボカスカといくらたくさんボールをけっても、なかなか上手にはならないよ。ボールをけっていく途中《とちゅう》、体の各部分がどのようになっているのかを頭のてっぺんから足のつま先まで意識し把握《はあく》しながら、ボールを使わずにボールをける動きだけをゆっくり行う練習をしてごらん」というアドバイスです。

彼《かれ》はサッカーは好きだったのですが、もともとスポーツは大の苦手で、幼稚園《ようちえん》以来、何をしてもクラスやクラブで下から二番目程度の下手さ（自分より下手な人が欠席するといちばん下手な人間になってしまうという下手さ）だったそうです。そのため、上手になりたい一心で私のアドバイスを聞いてくれました。

私がアドバイスをしたのは彼《かれ》が高校一年生の夏休みの終わりごろでしたが、その練習を一週間ほどしたころ、二学期の最初の体育の授業でサッカーがあったそうです。体育の先生はサッカー部の監督《かんとく》で、クラスにはサッカー部員もいたそうですが、その先生や部員たちがみな、彼《かれ》のプレイを「うまい」といってほめてくれたというのです。幼稚園《ようちえん》以来、スポーツでほめられたことなどなかったそうですが、そのとき以来、サッカー以外のスポーツでもほめられるようになり、その学期からは体育実技の成績も「5」になりました。

その高校生は、それからずっと大学に入るまでの二年半、自分でサッカーの動きをいろいろと研究しながら、どのような動きをするときにも体の各部分を意識し把握《はあく》しながらゆっくりと行う練習を続けたそうです。すると、大学に入って最初の体育の時間にあった反射能力のテスト（光の信号が出た瞬間《しゅんかん》に測定器がついている板の上でジャンプして、光信号が出てからジャンプするまでのタイムを測るテスト）でつぎのことが起こったというのです。

そのテストでは、高校時代にクラブ活動をしていなかった人たちのタイムは一《ひと》かたまりになっていていちばん悪く、クラブ活動を熱心にしていた人たちのタイムはそこから水をあける形でよくて、やはり一《ひと》かたまりになっていたそうです。ところが彼《かれ》のタイムは、そこからまた水をあける形でもっとよかったそうです。そのためみなが、「そんなタイムが出るはずはない。機械が故障しているのだ」といって全員で測り直したそうです。ところが結果は前と同じだったというのです。そのため彼《かれ》は、みなから「神」と呼ばれたそうです。おそらく、自分の体の各部分を意識し把握《はあく》しながらゆっくり動かす練習を二年半続けたため、自分の体をコントロールする能力が飛躍的《ひやくてき》に高まっていたのだと思われます。どのような運動音痴《おんち》の人も、そういった練習を積み重ねれば「神」になれるのかもしれません。

このように練習や学習で成果を出すためには、《ゆっくりていねいに》ということは非常に大切です。しかしやっかいなのは、いくら指導してもそれをなかなか行えない人がいることです。そういった人は、練習や学習をただ教材をこなすこととしか思っていないようなのです。素振《すぶ》りをさせても、「指示された時間や回数をこなせばよい」としか思っていなくて、ラケットを力まかせにびゅんびゅん振《ふ》り回して早く終わらせようとするだけです。また数学の問題を解かせても、「答を出せばよい」としか思っていなくて、さっさと解いてしまおうとするだけです。しかしそうすると、本人としてはいくら一生懸命《いっしょうけんめい》に練習や学習をしているつもりでも、能力はいつまでたってももとの大雑把《おおざっぱ》で雑なレベルから脱《だつ》することができないし、教材について何の発見もないのです。

適正スピードは？

もっとも、ゆっくりていねいにといっても、ばかていねいな必要はありません。ふつうよりも少しゆっくり加減にやるだけでよいのです。具体的には、今自分が行っていること（素振《すぶ》りや数学の問題を解くことなど）の細部を把握《はあく》し修正することができたり、これまで気づかなかったことに発見があるようなところまでスピードを落とせばよいのです。いわば、行っていることの「景色」がよく見えるようになるところまでスピードを落とすのです。何でも速くすると途中《とちゅう》の景色が見えません。景色が見えるようになるところまで落としたスピードが、その人のそのときの練習や学習にとっての適正スピードなのです。

なお、ゆっくりていねいに行う練習や学習は、力いっぱいに速いスピードで行うものに比べると、一見、楽で、それだけ長時間続けられそうにも思えます。しかし、ゆっくりていねいに行う方が、逆に神経がすぐにへとへとに疲《つか》れて長く続けられないことが多いようです。

というのも、ゆっくりていねいにすると神経が細部に行き届くので神経を非常に使いますが、速いスピードではそれができにくいので神経をあまり使わないからです。その意味でも、速いスピードでの練習や学習は、いかにも活発に行っているように見えて、実は単なるノルマ消化にしかなっていない場合が多いのです。


このように、《ポイントその四：ゆっくりていねいに》ではつぎのことをします。
一、《ポイントその一》から《ポイントその三》までのどれを行うさいにも、必ずゆっくりていねいに行う。
二、細部を把握《はあく》し修正することができたり、これまで気づかなかったことに発見があるようなところまでスピードを落とす。つまり、行っていることの「景色」がよく見えるようになるところまでスピードを落とす。
三、そうすることで精度の高い能力を作る。

たしかに、試合、演奏会、試験といった本番で「速さ」を出せるようにすることは、多くの場合、練習や学習の目的でしょう。しかし、それは結果的に達成すべきことであって、それを達成するための方法は、決してその目的とする速いスピードで練習や学習を行うことではないのです。練習や学習の段階ではゆっくりていねいに精度の高さを追求しておくのでなければ、本番で速いスピードを出したとき、それを高い精度で行えるはずはありません。最初はゆっくりとしか行えなかったことも、くり返すことをしさえすれば、必ず速いスピードで行えるようになります。したがって、練習や学習の段階ではゆっくりていねいに精度の高さだけを追求しておき、ただそれをくり返すことをすればよいのです。すなわち、最初はゆっくりしたスピードで「えーと、えーと」と細部に注意を行き届かせながら高い精度で行う練習や学習をしていると、やがてはそれを高い精度のままもっとすらすらと行えるようになり、さらにはそれを意識もせずに行えるようになります。それが、結果として達成した高い精度での速いスピードなのです。

ここでも、練習や学習における目的と、それを達成するための方法はちがっています。教材を速いスピードで行えるようになるためには、その教材に目的とする速いスピードで取り組んではならず、目的とはちがったゆっくりしたスピードで取り組まなければならないのです。

第二節　くり返しの回数へのこだわり

回数よりも「ゆっくりていねいに」を優先

このように、練習や学習で成果を出せるかどうかは、最終的には《ポイントその四：ゆっくりていねいに》を行うかどうかにかかっています。しかし、本書でこれまで見てきた方法には、それを行うことを邪魔《じゃま》する要因が二つつきまとっているのです。

その一つは、《ポイントその三：同じ教材をくり返す》に起因する「くり返しの回数へのこだわり」です。

前に見たように（第三章）、能力に飛躍《ひやくてき》的な変化を起こさせるためには、同じ教材についてくり返しをしなければなりません。ところが、くり返しが大切だということを、「くり返しの回数が多いほどよい」と勘違《かんちが》いしたり、あるいは一定の回数（たとえば五回）を「早くしてしまおう」と、その回数達成にばかりこだわると、どうしても教材に取り組むスピードが速くなってしまうのです。

なぜなら、教材に取り組むスピードをたとえば二倍にすれば、同じ時間内でくり返しの回数を二倍にできるからです。しかも、すでに一応すらすらとできるようになっている教材をさらにくり返すのですから、スピードを上げようと思えばいくらでも上げられます。そのため、くり返しの回数にこだわると、どうしても教材に取り組むスピードが速くなってしまうのです。

そうならないためには、くり返しをする場合にも回数のことはいったん忘れて、むしろスピードを落としてゆっくりていねいにすることに努めなければなりません。スピードを落とす努力が基本にあって、ただし結果的にくり返しの回数も達成するというのが望ましいのです。

そして、スピードを落としてゆっくりていねいにしながらもくり返しの回数は結果的に達成するという矛盾《むじゅん》した二つのことを可能にするためにも、教材の分量を減らすことが大切になります。教材の分量を減らしておけば、スピードを落としてゆっくりていねいにしても、きちんとした回数を一つの教材についてくり返すことができるのです。

「五回」は下限かつ上限

五回というくり返しの目安の回数は、前に見たように（第三章 第七節）、「三回ではなく五回」といった「最低五回」という下限の目安です。しかし、この、《ゆっくりていねいに》という点からすると、それは下限の目安としてだけでなく、「五回以上は必要がなければしないようにする」といった「最高五回」という上限の目安にもしておく必要があります。そして、五回を超《こ》えるくり返しはしない代わりに、その限られた回数をゆっくりていねいにしなければならないのです。

しかしそれにしても、「回数のことはいったん忘れなければならない」というのであれば、そもそもくり返しが大切だということのほんとうの意味は何なのでしょうか。

それは、すでに一応すらすらとできるようになっていたり暗記したりしていて、本人が「もうすんだ」と思っている教材をさらにくり返すということなのです。そのような、「もうすんだ」はずの教材をそこからさらにくり返すのが能力の飛躍《ひやく》のためにもっとも有効な方法だというのが、くり返しが大切だということのほんとうの意味なのです。

第三節　わざわざ難しく

易しい教材に取り組むことの落とし穴《あな》

このように、《ポイントその三：同じ教材をくり返す》が、《ポイントその四：ゆっくりていねいに》を邪魔《じゃま》する一つの要因になることがあります。

そしてもう一つ、《ポイントその四》を邪魔《じゃま》しがちな要因としてあるのが、本書で見てきた方法が「易しい教材」にばかり取り組むことです。すなわち、《ポイントその一》では「レベルを下げたできる教材」に取り組みますし、《ポイントその二》では「部分品についての基本教材」に取り組みます。そして、そういった易しい教材にばかり取り組むことが、《ポイントその四：ゆっくりていねいに》を行うことを邪魔《じゃま》する一つの要因になりがちなのです。

なぜなら、易しい教材に取り組むことに対しては、多くの人が、「やってもむだだ」とか「ばかばかしい」と思いがちだからです。そしてそのような思いは、たとえ表面上はそれを克服《こくふく》して易しい教材を選んだとしても、心の底に根強く残っていることがあります。そうすると、せっかく易しい教材を選んだのに、本人がそれへの取り組みをわざわざ難しくしてしまうのです。

どのようにするのかというと、その教材を猛烈《もうれつ》に速いスピードでするのです。そして、その速さ自体を追い求めたり、速くすることで大量の教材をこなそうとしたりするのです。そのようにして、易しい教材への取り組みにわざわざ高いハードルを設けてそれを難しくすることで、「やってもむだだ」とか「ばかばかしい」といった思いをごまかそうとするのです。

本人だけでなく、先生が生徒にそういったことをさせる場合もあります。それは、易しい教材に取り組むことを生徒からばかにされないためであったり、あるいは先生自身が易しい教材に取り組むことのほんとうの意味を理解していなかったりするからです。

しかも教材が易しいため、スピードを上げようと思えばいくらでも上げられます。そのため先生も生徒も、スピードを上げることや、それによって大量の教材をこなすことに夢中《むちゅう》になりやすく、先生はますますその競争をあおり、生徒はそれを誇《ほこ》るようになったりするのです。

しかし、そのように《ゆっくりていねいに》の逆をしていると、「精度を落として教材を粗雑《そざつ》にこなす習慣」や「途中《とちゅう》の手順を省く習慣」が身についてしまいます。精度を落として粗雑《そざつ》にすればするほど、また途中《とちゅう》の手順を省けば省くほど、スピードはどんどん上げられるからです。しかも教材が易しいため、粗雑《そざつ》にすることも、手順を省くことも、しようと思えばいくらでもできるのです。

これが、易しい教材に取り組むことの落とし穴《あな》です。その落とし穴《あな》に落ちてそういった習慣がいったん身についてしまうと、その後どのような練習や学習をするさいにも、《ポイントその四：ゆっくりていねいに》を行うことができなくなります。そのため、本人は一生懸命《いっしょうけんめい》に努力しているつもりでも、能力がどうしても伸《の》びなくなってしまうのです。

しかもやっかいなのは、本人がゆっくりていねいにできていないことを反省するどころか、「自分はほかの人よりもこんなに速いスピードを出せている」とか、「これほど大量の教材をこなしている」といって、自分はがんばってよくやっていると思い込《こ》んでいることです。そのため、そういった習慣をあらためさせようとしても、本人はどうして自分が注意されるのか納得できず、結局はノルマ消化のような練習や学習ばかりを続けることになるのです。

「精度を落として粗雑《そざつ》にする」というのは、前々節で見たように、練習や学習を行うこと（たとえば、ラケットの素振《すぶ》りや数学の問題を解くこと）の細部を把握《はあく》したり修正したりせずにさっさとしていくことです。

それでは、「手順を省く」とは、たとえばどのようにすることなのでしょうか。その習慣が小学生のときにした算数の基礎的《きそてき》な計算練習によって身についてしまった例を見てみることにします。

前に「レベルの下げ惜《お》しみの克服《こくふく》」のところ（第一章 第五節）で、算数がまったくできない小学四年生に「一桁《けた》＋一桁《けた》」などの計算練習を一週間させたらすぐに算数が得意科目になったという例を紹介《しょうかい》しました。たしかに、そういった基礎的《きそてき》な計算練習をきちんとしていないために算数や数学ができないでいる生徒は多くいます。

それでは、そういった基礎的《きそてき》な計算練習はたくさんすればするほど望ましいのかというと、必ずしもそうではありません。高校生などに基礎的《きそてき》な計算練習の必要性を説明すると、つぎのような感想を書く生徒が、例外的にではなく必ずといってよいほどにいるのです。

私は小学生の頃《ころ》、算数教室に通って基礎的《きそてき》な計算をたくさん練習させられていました。そのため、小学校の時に算数は得意科目でした。しかし、中学、高校と進むにつれて、どんどん数学が苦手になっていき、特に計算ミスが増えてきました。そういった経験があるので、どうして基礎的《きそてき》な計算練習をたくさんやっても計算が苦手になっていったのかという疑問を今でももっています。

これは、基礎的《きそてき》な計算練習をたくさんしたにもかかわらず学年が上がるにつれて計算ミスが増えた、ということではありません。基礎的《きそてき》な計算練習をたくさんしたからこそかえって計算ミスをするようになったのです。

なぜかというと、基礎的《きそてき》な計算練習をあまりにもたくさんしたため、手順を省いて計算のスピードを上げようとする習慣が身についてしまったからです。つまり、すべて頭のなかで処理して途中《とちゅう》の計算式を手を使って紙に書くことをしない習慣が身についてしまったのです。易しい基礎的《きそてき》な計算（たとえば小学校レベルの計算）だと、教材を大量にこなせば、途中《とちゅう》の式を紙に書かなくてもすべて頭のなかだけですませられるようになります。また、いちいち紙に書いていては、スピードも落ちるし量もさばけません。そのため、どうしてもすべて頭のなかで処理してしまう習慣が身につきやすいのです。

そして、そのような習慣がいったん身についてしまうと、中学、高校と学年が上がって計算が複雑になっても、すべて頭のなかで処理しようとすることになります。そのため、かえって時間もかかるしミスも多くなるのです。つまり、基礎的《きそてき》な計算練習を大量にしたからこそ、先ほどの高校生の感想にもあったように、学年が低いあいだの計算は得意でも、学年が上がるにつれてかえってミスが増えてくるのです。

成績のよい生徒は頭を使わず、成績の悪い生徒は頭を使う

私は学生時代、六人の中学生がいる学習教室で数学を教える手伝いをしたことがあります。そのとき彼《かれ》らを見て、数学の問題を解いていく手順とその成績のあいだに、あまりにもはっきりとした関係のあることに驚《おどろ》きました。それは、「成績のよい生徒は頭を使わず、成績の悪い生徒は頭を使う」ということでした。そしてそのことが、この六人のうちの三人と三人に、はっきりと分かれて出ていたのです。

成績のよい生徒が頭を使わないというのは、頭の代わりに手と紙と目を使うということです。つまり問題を解いていく途中《とちゅう》で式を変形させるさいなど、いちいちその変形させた式を手を使って紙に書き、頭のなかには何も残さないようにしているのです。そしてつぎの変形を行うさいにも、紙に書かれた前の式を目で見て、つぎの式をまたすぐに紙に書くのです。そうやっていちいちの式をこまめに手を使って紙に書き、それをまた目で見てつぎの式を紙に書いていくので、それをしていく途中《とちゅう》、頭のなかには何もかかえ込《こ》んでおらず、頭が常にフリーの状態で軽快に働き、計算が停滞《ていたい》することもなければ間違《まちが》うこともないのです。

ところが成績の悪い生徒は、決して手と紙と目を使おうとせず、途中《とちゅう》の計算をできるだけ（あるいはすべて）頭のなかで処理しようとします。たとえば分数で、「1/2－1/3」といった計算をする場合にも、通分した「3/6－2/6」という式をいったん紙に書けば頭はまったく使わなくてよい

のに決してそれを書こうとはせず、そこは頭のなかでして、「1/6」という答だけを書こうとするのです。横で見ていると、鉛筆《えんぴつ》をもったまま一生懸命《いっしょうけんめい》に頭のなかで計算をしているのです。本人は、そのように頭のなかでしてしまった方が途中《とちゅう》の式を紙に書くより速いと思っているのかもしれません。しかし、頭のなかにいろいろな計算をかかえ込《こ》むので、ちょうど容量いっぱいの情報をかかえ込《こ》んだコンピュータのように動きが鈍《にぶ》くなって時間ばかりがかかり、しかも頭のなかで複雑なことをするのでどうしても間《ま》違《ちが》えてしまうのです。

この、「成績のよい生徒は頭を使わず、成績の悪い生徒は頭を使う」ということはあまりにもはっきりしていました。そこで、成績の悪い生徒には、頭を使わずに手と紙と目を使うようにずいぶんしつこく指導しました。三人の生徒のうちの一人は、「なるほど、そのようにすればよいのか」とすぐに納得してくれました。そしてそれと同時に成績もすぐに上がったのです。しかしほかの二人は、いくらいってもどうしても手と紙と目を使わず、最後まで頭だけを使う習慣を変えませんでした。そのかたくなさの前に、結局は指導をあきらめてしまったのです。

先ほど紹介《しょうかい》した高校生の感想文を読んだとき、このことを思い出しました。そこで、その高校生を呼んで、「あなたは何でも頭のなかでしてしまうのではありませんか」と聞いてみました。すると、「はい、計算に限らず何でも頭のなかでしようとします」ということでした。おそらく、小学生のときに簡単な計算練習を大量にしたため、手と紙と目を使うことをせずすべて頭のなかでする習慣が身についてしまったのではないでしょうか。

頭のなかですべてしようとして何でも頭のなかにかかえ込《こ》むと、その容量が（コンピュータと同じように）すぐにいっぱいになって動きが鈍《にぶ》くなり、逆に頭を使えなくなります。ところが、手と紙と目を使って頭を極力使わないようにしておくと、頭のなかにいつも十分な容量が残っているので、こちらも逆に頭を存分に使えるのです。

したがって、先ほど述べたことは、正確にはつぎのようにいい直さなければなりません。それは、「成績のよい生徒は、頭を使わないようにして頭のなかにいつも十分な容量を残しているので頭をよく使え、成績の悪い生徒は、頭ばかりを使って頭のなかの容量をいつも使い果たしているので頭を使えない」というようにです。

計算練習を大量にしてたいていの計算は頭だけで（つまり暗算で）ぱっぱっとできるようになっている子どもを見ると、「すごいなあ」と思ってしまいます。しかし、そのように頭だけで計算をできるようになることには、途中《とちゅう》の手順をきちんと踏《ふ》むことができなくなるといった危険性もあるのです。いかに、もたもたしているように見えても、練習や学習は常にゆっくりていねいに途中《とちゅう》の手順をきちんと踏《ふ》みながら行わなければならないのです。

以上見てきたように、易しい教材に取り組むことには、「教材を粗雑《そざつ》にこなす習慣」や「途中《とちゅう》の手順を省く習慣」を身につけてしまうという落とし穴《あな》があります。その落とし穴《あな》に落ちないためには、教材をこなすスピードと量に制限を加えておき、常に《ポイントその四：ゆっくりていねいに》を厳守するようにしておかなければなりません。

たとえば、簡単な四則演算の計算練習を小学生にさせる場合など、よく先生がストップウオッチをもって計算がどれほど速くなったのかを測り、その速さを競わせたりします。しかし、同じくストップウオッチをもって小学生に計算練習をさせるのであれば、そのストップウオッチは、計算が速くなることを奨励《しょうれい》するために使うのではなく、計算が速くならないようにするために使わなければなりません。すなわち、「ゆっくりていねいにしなさい。この時間より速くしてはいけません」というようにです。

慣れないうちは、スピードを落としてゆっくりすることには非常なストレスを覚え、イライラするかもしれません。それはちょうど、自動車が渋滞《じゅうたい》にまきこまれたときに覚えるのと同じよう

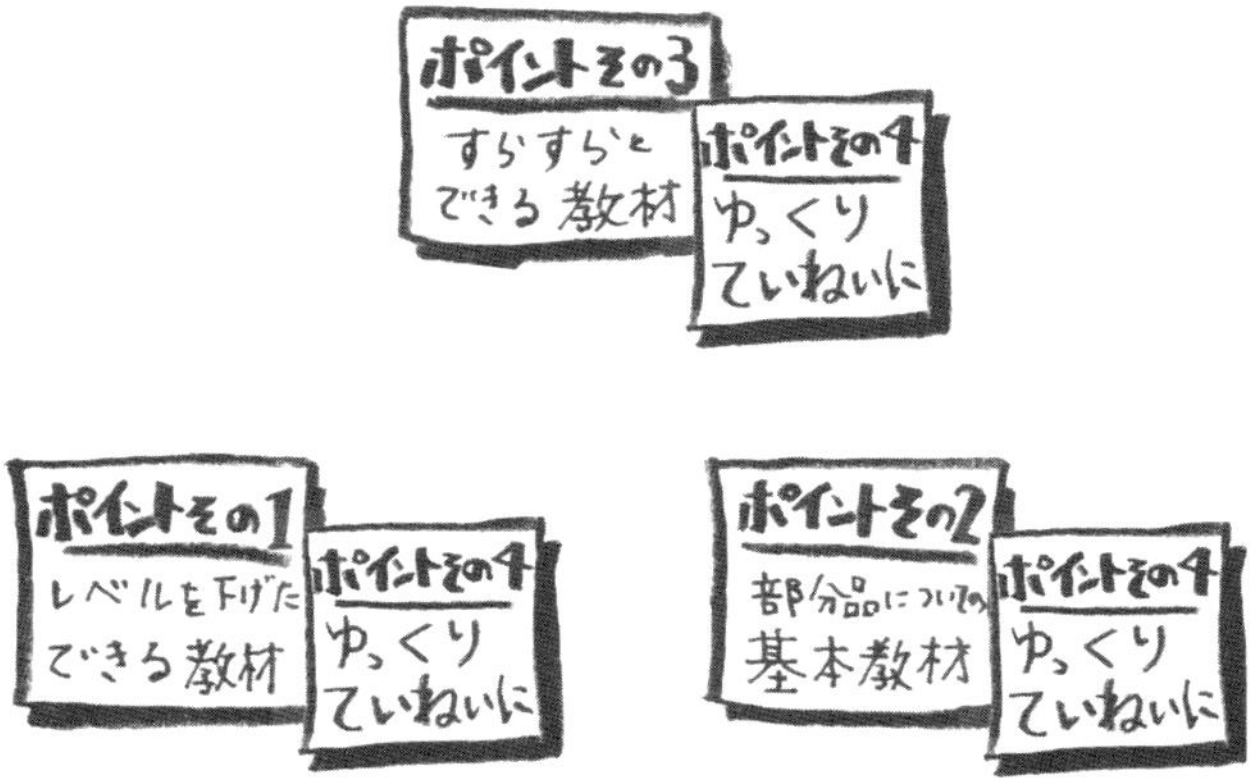

なイライラです。しかしそうしたときにも、歯をくいしばってゆっくりすることに努めなければなりません。その努力をしていると、やがて、ゆっくりていねいにすると確実に精度の高い能力が作られてきたり、いろいろな発見があることがわかってくるので、努力しなくてもゆっくりていねいにすることができるようになるのです。

以上のように、《ポイントその四：ゆっくりていねいに》は、上の図のように、《ポイントその一》から《ポイントその三》までのどれを行うさいにも、それと重ね合わせて行います。

第五章
同一問題五回くり返し法

四つのポイントを一つの学習方法にパッケージ化したもの

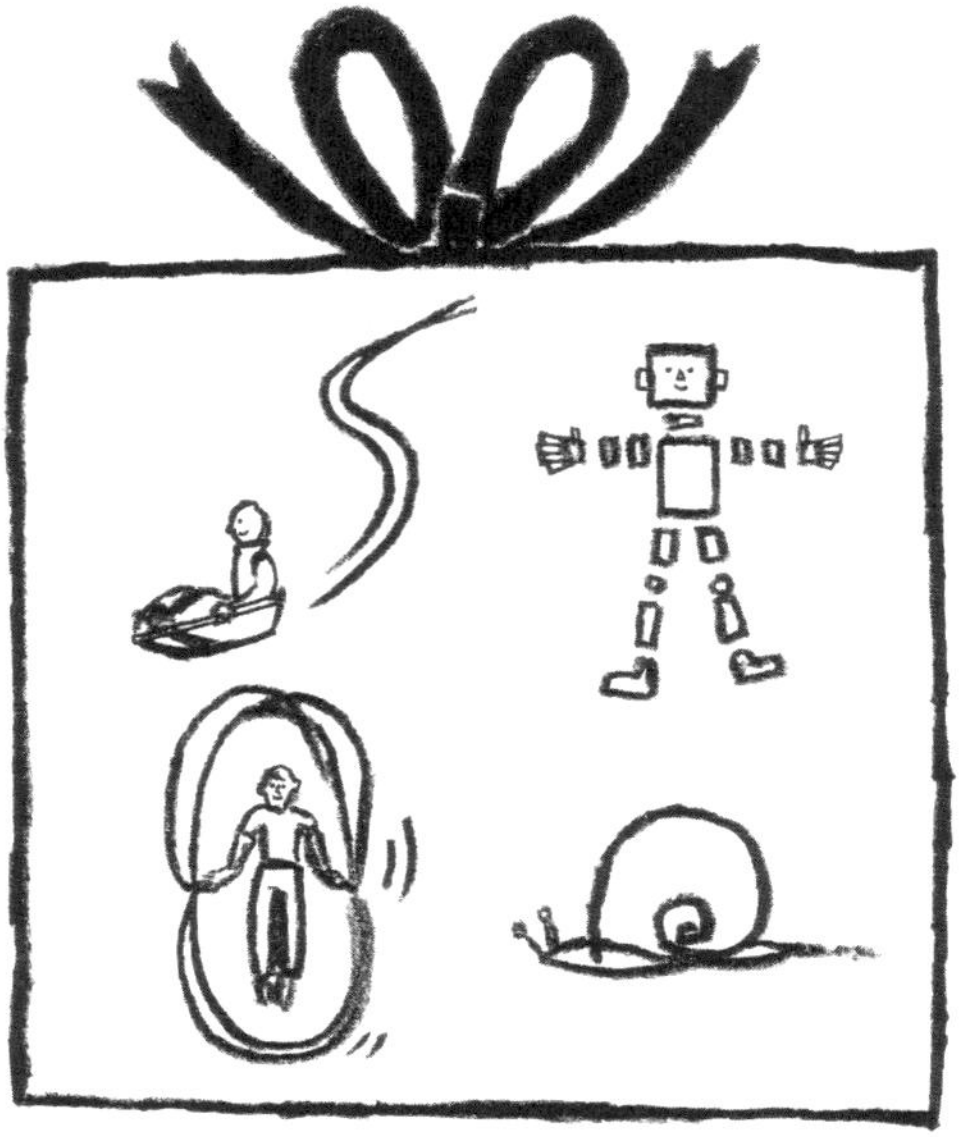

第一節　時間をおかずにくり返す

くり返しは「同じ問題」を？

それでは、これまで見てきた《ポイントその一》から《ポイントその四》までの方法を、三十分程度で行える一つの学習方法にパッケージ化したものを紹介《しょうかい》しておきます。それは、「同一問題、五回くり返し法」というものです。

この名称からもわかる通り、この学習方法の基本は五回のくり返しです。しかし、たとえば参考書の問題を同じく五回くり返すにしても、そのくり返し方にはつぎの二通りがあります。

まずふつうのやり方は、参考書の問題を、第一問、第二問、第三問と順番にしていきながら、ときどき前にももどって、最終的にはすべての問題を五回くり返すというものです。

しかし、これとは別のつぎのようなくり返し方もあります。それは、前にも書きました、私が家庭教師として中学生に因数分解の同じ問題をくり返し解かせたようなやり方です（第三章 第二節）。すなわち、一つの問題（もしくは問題群）を時間をおかずに立て続けに五回くり返すというものです。たとえば参考書の第一問を今解いたのであれば、つぎは、第二問に進むのではなく、その第一問をその場で続けてあと四回くり返すのです。そしてそれをするのが、「同一問題、五回くり返し法」です。

時間をおいて（たとえば一週間後に）同じ問題をくり返すのであれば、前に学習した解き方を覚えているかどうかをテストするといった意味もあるでしょう。しかし、今解いたばかりの問題を時間をおかずにまた解くのですから、解き方も答もわかっています。ふつうに考えれば、そのようなことをしても意味がないと思うかもしれません。

しかし、一つの能力に卵から蝶《ちょう》に至るまでのような変化を確実にいっきに起こさせるためには、むしろ時間をおかずに同じ問題を立て続けに解く方が有効なのです。それはあたかも、料理をするさい、時間をおけば鍋《なべ》が冷めてしまうのに、時間をおかずに鍋《なべ》を温《あたた》め続ければその温度をいっきに上げることができるようなものです。そのため、たとえば五、六分で解けるような一つの問題を立て続けに五回くり返すと、その三十分ほどで、かなり確実に一つの能力を卵から蝶《ちょう》にまでいっきに変化させることができるのです。

目先を変えては効果減

人によっては、解き方も答もわかっている「同じ問題」（同一問題）よりも、「同じような、、、問題」（類題）を解いた方が応用力もついてよいと考えるかもしれません。しかし、能力をつけるためには、「類題」を五題解くより、「同一問題」を五回くり返し解く方がはるかに確実で効果的なのです。

なぜなら、類題というのはいわば「目先を変えた教材」なので、そういったものに取り組むと、教材が変わるごとにその目先の変化にまどわされるからです。すなわち、まだ一つの問題が「えーと、えーと」の段階のときに教材を類題に変えると、その「えーと、えーと」に、さらに目先を変えられたことによる「えーと、えーと」が加えられることになります。また、一つの問題がすらすらとできるようになった段階で教材を類題に変えると、せっかくあともう一歩のところでその問題を意識もせずに解けるようになるのに、新たに目先を変えられたことによる戸惑《とまど》いがそうなることをさまたげてしまうのです。

それに対し、教材を同一問題に固定してそれをくり返せば、そうした目先を変えられたことによる邪魔《じゃま》が入りません。そのため、むだな時間やエネルギーをかけずに、能力を卵から蝶《ちょう》の段階までいっきに変化させられるのです。そして、能力をその段階にまで変化させた後であれば、類題を見ても、それが五回くり返した問題の目先をどのように変えたものであるのかはすぐにわかるようになっているので、そういった類題は解く必要がなくなるのです。

このように、能力がまだ蝶《ちょう》にまで変化し終えていない段階では、教材を固定して目先を変えないことが、そこに至るまでの変化を能力に確実にいっきに起こさせるための要領《ようりょう》です。前に「分量を減らす」の節（第三章　第五節）で、「類題や章末問題は捨てて、解説がていねいにしてある例題だけをくり返す」という形で、「大きな本も……小さくして使えばよい」と書きました。類題を捨てることは、そのように教材を小さくするためだけでなく、「教材の目先を変えない」という点からも大切なことなのです。

第二節　進め方

まず苦手・未知の分野の基本問題を選ぶ

それでは、この「同一問題、五回くり返し法」の実際の進め方をつぎに見ていくことにします。

まずいちばん大切なのは、取り組む問題の選び方です。それはつぎの二つのことを手がかりにして行います。

一つが、「苦手な分野」や「ここだけはマスターしたいと思う分野」の問題を選ぶことです。ある程度できるようになっている分野ではなく、一度集中的に取り組んでマスターしておきたいと強く思う分野の問題が、この方法には合うようです。

そしてもう一つは、そのような分野から五分程度で解ける基本問題を選ぶことです。五分程度で解けるのであれば、小さな問題が何題かセットになっている問題群でもかまいません。しかし、一題解くのに十分とか十五分もかかるような発展問題や複雑な問題は最初は避《さ》けておいた方がよいでしょう。

そういった五分程度で解ける基本問題を選ばなければならない理由は、そのような問題でなければ五回もくり返すのは大変で時間がかかりすぎる、ということもあります。

しかしもっと大切な理由は、《ポイントその一：教材のレベルを下げる》や《ポイントその二：部分品《パーツ》のみがき上げ》を行うためです。すなわち、苦手な分野やこれからマスターしようという分野の問題の多くは、能力のレベルを超《こ》えたものや、それを解くための部分品に不十分さが残っているようなものばかりです。そのような分野を攻略《こうりゃく》しようとするとき、いきなりレベルの高い発展問題や複雑な問題に取り組んではならず、そういった問題は後まわしにして、まずレベルを下げた単純な基本問題に取り組まなければならないのです。

そういった、五分程度で解ける基本問題を五回ていねいにくり返しておけば、解くのに時間がかかる発展問題や複雑な問題は必ずしも五回もくり返す必要はなくなったりします。前に、くり返しをするとかえって時間の節約になると述べたさい、つぎのことを書きました（第三章 第四節）。それは、「参考書の基本問題だけをくり返しておけば、発展問題は基本問題のどこをどのようにひねっているのかがつかめたり、複雑な問題は基本問題をどのように合成したものであるのかがつかめるようになります。そのため、発展問題や複雑な問題は確認のために一通りか二通り流せばよいだけになったりするのです」と。

一回ごとに気持ちをリセットし、解説をよく読むこと

そして、以上のようにして選んだ問題を五回くり返すさいに注意しなければならないのは、つぎの二つです。

一つは、くり返しを行う一回ごとに、その問題を初めて解くような新鮮《しんせん》な気持ちに自分をセットし直して、毎回、ゆっくりていねいに取り組むことです。「今解いたばかりの問題だから解き方も答もわかっているじゃないか」といって、ただノルマ消化として速いスピードでさっさとすませていくと能力に何の変化も起きません。一回一回、初めてその問題を解くようにゆっくりていねいに解いていくことによってこそ、能力に劇的な変化が起きるのです。

そしてもう一つの注意点は、解説をよく読むことです。そもそも学習の目的は何かというと、理解を深めてテスト本番に備えることにあるはずです。それなのに、高校生や大学生のなかには、学習の段階で早くも自分の能力をテストしようとして、解けない問題も解説を見ずに自分の力だけで解こうとする人がいます。先生のなかにも、生徒に、「解説は見るな！」と、あたかもそれをすることがカンニングであるかのようにいって禁止する人がいます。しかし、その問題の解き方がわかっていないからこそ学習をするのですから、解説を見ることはテストのカンニングではなく、授業で先生の説明を聴《き》くようなことなのです。

たとえ「解くことはできない問題」でも、解説をよく読めばその問題について《ポイントその

一‥教材のレベルを下げる》を行ったことになり、それが「理解でヽきヽるヽ問題」になります。そういった問題を「できない」といって後まわしにする必要はなく、「解説を見る」という形でレベルを下げて取り組めばよいのです。そうすれば、気がついたときには、解説など見ずにその問題（および類題）はすらすらと解けるようになっているのです。

高校生や大学生に、「参考書での学習はテスト本番ではないのですから、解説を見ることはカンニングではありません。わからないときやひっかかったときにはすぐに解説を見てください」と注意すると、途端《とたん》に効率よく学習がはかどるようになります。

この注意をしたとき、ある大学生はつぎのことをいっていました。それは、「なるほど、それでわかりました。高校時代に解説を見ながら勉強していたときにはある程度の成績がとれていたのに、先生から解説を見てはいけないと強く注意されたのでそれをしなくなった途端《とたん》に成績が落ちました」というのです。

以上のように、「同一問題、五回くり返し法」では、発展問題や複雑な問題は後まわしにして、五分程度で解ける基本問題を選び、それをゆっくりていねいに解説をよく読みながら、時間をおかずに五回くり返し解くことをするのです。

第三節　高校生、大学生の感想とようす

回数を重ねるごとにすらすらと解けるようになる

それでは、「同一問題、五回くり返し法」を実際に行った高校生や大学生の感想とようすをつぎに見ていくことにします。（彼《かれ》らが書いた感想文には、「・」印をつけています。）

まず、くり返しの回数を重ねるごとの変化については、つぎの二つの感想が代表的です。

・苦手な問題を最初は時間をかけて思い出しながらしていたけれど、三回目、四回目のころにはすらすら解いていた自分にびっくりしました。
・一回目は解き方がわからなかったけれど、友だちに教えてもらい、二回目、三回目と解いていくうちに解き方を覚えました。四回目ぐらいからはすらすらと何も考えずに手が勝手に動いてくれるくらい簡単に解けました。

この、「何も考えずに手が勝手に動いてくれるくらい簡単に解けた」というのが、つまりは

《ポイントその三：同じ教材をくり返す》がめざす段階（それを行っているということを意識もせずに行えるようになる段階）です。くり返しはその段階に至るために行うのであり、その段階に至るまで行わなければならないのです。そして、たとえ苦手な分野の問題でも、それを立て続けに五回くり返せば、それを解く能力が（あたかも蝶《ちょう》の卵が幼虫やサナギをへて蝶《ちょう》に変身するように）いっきにそういった段階にまで変化します。そのため、「すらすら解いている自分にびっくり」することになるのです。

このように、問題を解くだけで精いっぱいの段階を超《こ》えて手が勝手に動くようにして解けるようになると、その問題をいろいろな角度から考える余裕《よゆう》も出てきます。それはちょうど、楽器で一つの曲をくり返し練習してその曲を間違《まちが》えずに弾《ひ》くことであれば何も考えずにできるようになると、曲全体の流れや細部の表現などに神経を配る余裕《よゆう》が出てくるようなものです。

そういった余裕《よゆう》が出てきたという感想にはつぎのものがあります。

・一回目は考え込《こ》む時間があったが、三、四回目になるとその時間もなくなり、問題を解いていく途中《とちゅう》でそれをいろいろな角度から考える余裕《よゆう》ができました。そのためケアレスミスをするあぶなっかしさもなくなったように思います。

苦手意識が消える

苦手な分野の問題でこういった体験をすると、多くの人がつぎのような感想を書くことになります。

- 苦手と思っていた問題を、五回解いただけで、「こんなことか」と思うくらい簡単に解けるようになりました。今までこの問題を取りこぼしていたのがもったいなかったなあと思いました。
- あれだけ苦手意識のあった問題が、五回解くことによって簡単な問題なんだと思えるようになりました。しようとしなかっただけで、すればとても簡単な問題でした。

なかには、苦手で嫌《きら》いだった分野の問題を一つひとつこの方法で解いていったら、「この分野を好きになっていく自分がいて怖《こわ》いです」といった感想をいう人までいました。

また、自分がそれまでできなかったことができるようになっていく楽しさ（まさに幸田露伴《こうだろはん》が説く「悦楽《えつらく》」）について書いてくれた人もいます。

- 私はテスト対策のために数学の三角関数の問題を選びました。三角関数は苦手で、テスト勉強でもしたくないなと思っていました。しかしテストのためにはどうしてもしなくてはならないので、その問題に取り組んでみることにしました。最初は友だちに解き方を教わりながらしていましたが、何回もくり返し解いていくうちに自分で解けるようになり、それにつれて苦手意識が消えて、逆に楽しさが出てきました。くり返し解くことによって必ず解けるようになり、さらに楽しさまで出てきて、三角関数に対する苦手意識はまったくなくなりました。

解説との関係が変わってくる

解説をよく読むことについては、ある学生はつぎのような感想を書いています。

・選んだ問題をいざ解こうとしてもどうしてもうまく解けなかったので、解説がちゃんと理解できていないのではないかと思い、まず解説を読み、それを自分なりにまとめることをしてみました。その後にもう一度問題を解いてみると、今度はスムーズにすらすらと解くことができました。解説に書いてあるポイントや手順をまとめたことで、問題を解いていくときに必要な式がぽんぽんと頭に浮《う》かんできました。

問題を解くさいに解説をどれほど参考にするのかは、多くの人がつぎの二つの感想にあるような経緯《けいい》で回を追うごとに変化していきます。

・一回目は解き方がわからなかったので解説を読んで写す感じでした。二回目は途中《とちゅう》までは自分で解けたのですが、そこで行きづまってしまったので後は解説を写しました。三、四回目は自分で最後まで解けるようになりました。五回目は、すらすらと解くことができて驚《おどろ》きました。どうして自分はこんな簡単な問題につまずいていたのかとびっくりしました。

・五回くり返していくと、一回目は解説を見てそのまま写していくような感じで、解いているという感覚はあまりありませんでした。二回目、三回目に、ようやく自分で解いていると感じるようになりました。四回目、五回目では、解いていくと同時に、条件が変わるとどうなるだろうか、解き方のこの部分を変えればもっと簡単にできるぞなどと考えながら解けるようになっていました。一回目に解説を写していたときでは考えられないような頭の動きの変化をものすごく実感しました。

解説自体についての理解も、回を重ねるごとに変化していきます。多くの人が共通にいうその変化は、およそつぎのようなものです。すなわち、一回目はただ解説が教える通りに問題を解いてみるだけで、その意味についてはあまり考えません。しかし二回目、三回目とくり返すうちに解説の意味がわかってきて、四回目を解くとその問題の解き方を解説に代わって友だちにも説明できるようになります。そして五回目を解くと、解説への注文が出てくることも多くなります。それは、「この解説ではわかりにくいので、こういった解説をした方がよい」とか、「解説の解き方よりももっとすっきりした解き方がある」などといった注文です。また、そのようになると類題を自分でも作れるようになります。なかには、解説のミスを見つけて出版社にそれを知らせる手紙を出した人までいました。

前節でも述べたように、先生のなかには解説を見ることを禁止する人がいます。それは、生徒に自分の頭で考える力をつけさせようとしてのことでしょう。しかし、問題の解き方についての基礎的《きそてき》な知識を与《あた》えないままに「自分で考えなさい」といっても、一人ひとりの生徒が世紀の天才のように、いちいちゼロからその解き方を考え出せるはずはありません。それでは、基礎的《きそてき》な知識を与《あた》えると同時に自分で考える力もつけさせるためにはどうすればよいのでしょうか。

その一つのやり方が「くり返し」です。すなわち、今も紹介《しょうかい》したように、最初は解説によって教えられた通りの解き方をしますが、回数を重ねていくとそれを完全にマスターして友だちにも説明できるようになり、五回目をするころには解説とちがった解き方を自分の頭で考えられるようにもなるのです。

公式の意味を理解できるようになる

また、解説についての理解のこういった変化とよく似ているのが、公式についての理解の変化です。多くの人がそれについては共通につぎのようなようすでした。

まず一回目は、ただ公式に問題の数値を入れて計算をして答を出すだけです。そして、そこで答が合っていれば、「解けた」と思って満足してつぎの問題に進む人も多いのかもしれません。しかし、この段階でつぎの問題に進んでしまうと、公式はただ丸暗記するだけのもので終わってしまいます。またこの段階の解き方では、ただ「算数」の計算をしたにすぎないのです。

ところが、続いて同じ問題の二回目を解くと、一回目には何も考えなかった公式の意味を考えるようになり、三回目を解くと、どうして公式がそのようになっているのか（たとえば、どうしてこの数値とこの数値を掛《か》け合わせるのか）といったことがわかってきます。そして四回目は、すでに公式の意味がわかっているので、わざわざ公式を思い出さなくても気がつくと自然に公式の計算をしていた（たとえば、答を出すためにはこの数値とこの数値を掛《か》け合わせればよいという、結果的に公式と同じ計算をしていた）ということにもなります。また、公式の意味を友だちにも説明できるようになります。そして五回目をすると、「この問題をこのようにひねると、こういった問題を作れる」と、類題を作れるようにもなってきます。そのため、基本問題さえ解いておけば類題はほとんどする必要がなくなるのです。

そのようになった一人の学生は、類題を見るとそれがどこをどのようにひねって作られたものであるのかがわかるようになり、「問題を作る人も、わざわざこんな無理なひねりをして類題を作らなければならないので大変ですね」といった感想をいうようになりました。

また別の学生は、それまでは試験前に公式を丸暗記するのが大変だったのが、それぞれの公式についての基本問題をこの方法で解いておけばそれをしなくてすむようになり、試験勉強の時間がずいぶん減ったといっていました。

ただし、公式を使う問題を学習するさいには、それに関する定義をていねいに確認することや、単位がついているものは式を最初に立てるさいにそれを書き添《そ》えることなどをしなければなりません。そういったことをきちんとしないと、何回その問題をくり返し解いても学習が上滑《うわすべ》りなものになり、理解も十分には深まらないからです。

たとえば、「時速」の定義は「一時間あたりの移動距離《きょり》」ですが、それを計算する公式は、その定義通りに、「移動距離《きょり》」（たとえば80km）を「要した時間」（4h）で割って「一時間あたりの移動距離」（80km÷4h）を出せばよいのです。そして

「時速」の単位は、この計算式通りに、「km」を「h」で割った「km/h」になっているのです。同一問題を五回くり返すにしても、こういったことを一回ごとにいちいちていねいに確認しながら解いていかなければならないのです。

そういったことをきちんと行う習慣が身についた学生の一人は、つぎのような感想を書いています。

・定義をきちんと教科書で確認するようにしだしてから、今まではただの記号だった公式の意味が頭のなかにすぅーと入ってくるようになりました。問題を解くときにも、定義を頭のなかで確認しながら単位にも気をつけるようにすると、たいていの問題は二回目ごろには簡単だなと感じるようになりました。

証明の文が書けるようになる

また、数学の証明問題が大の苦手だった学生も、一回ごとに大きく変化し、その変化には私も驚《おどろ》きましたが本人も驚《おどろ》いていました。その学生は、一回目のときにはかくかくしかじかと証明していく文がまったく書けずに、途中《とちゅう》の式だけしか書いていませんでした。しかし二回目には少し文が書けるようになり、三回目には、これが一回目には（すなわち、ほんの十五分ほど前には）式だけしか書けなかった同じ学生かと驚《おどろ》くように証明の文もきれいに書けていたのです。その学生の感想はつぎのようでした。

・証明が苦手で、一回目は式を書くことしかできなかったけれど、二回目には少し、三回目からは証明する文を完全に書けるようになりました。

答を文章で書かなければならない問題を五回くり返し法で学習するさいには、五回とも同じことをする必要はありません。すなわち、一回目は模範《もはん》となる解答の文章を写してみるとよいのですが、二回目以降は、そこからキーワードだけを取り出して書いてみたり、キーワード同士の関係を図にしてみたりといったことをするのです。そうやって、模範《もはん》となる文章をいろいろな角度から何回も工夫しながらいじっていると、五回目ごろには、自分で楽々と解答の文章が書けるようになります。

物の実際のようすがわかってくる

また、問題の解き方や用語に慣れてくると、そこで取り扱《あつか》っている物の実際のようすまで把握《はあく》できるようになるようです。それについての感想を二つ見ておきます。

・エンジンの出力を計算する問題を、最初はただ解いているだけだったのが、三回目、四回目になると、エンジンの内部を想像しながら解いていくことができるようになりました。
・生物の各部の名称を覚える問題を五回したら、名称を覚えただけでなく、その構造がどのようになっているのかまで把握《はあく》できるようになりました。

時間がたっても解ける

この方法に対しては、「そのときはすらすらと解けるようになっても、時間がたてば忘れるだろうから、してもむだだ」と思う人も最初はいます。しかし、「五回くり返し法でしておくと、時間がずいぶんたってもその問題をちゃんと解けた」というのがほとんどの人がいうことです。たとえばつぎのような感想があります。

・一カ月ほど前に五回くり返し法でした問題を、身についているかどうかを確かめるために解いてみたところ、すらすらと解けたので驚《おどろ》きました。
また、笑ってしまったのはつぎの感想です。それは、その問題をずいぶん前にしたことは忘れていたのに、解き方は覚えていたというのです。
・苦手だと思っていた問題を選んだのですが、なぜかつまずくことなく解けました。よく考えてみると、三カ月ほど前に五回くり返し法でしたことを思い出しました。この問題をしたことは忘れていたのに、計算法は忘れていませんでした。あらためて五回くり返すことのすごさを実感しました。

一ランク上の問題も解けるようになる

またここでも、「できない問題は後まわしにしてできる易しい問題をしていると、気がついたときにはそれまでできなかった問題ができるようになっていた」ということが確実に起きます。

それについての感想にはつぎのようなものがあります。

・私は物理が苦手なので、簡単な問題を五回解くことをしていたら、これまでぜんぜんできなかった問題が楽にできるようになっていました。

・同じ問題を五回ずつ解くことをすれば、自分がしていない一ランク上の問題も解けるようになることがわかりました。

基本問題の五回くり返しで応用問題もできるように！

また、基本問題を五回くり返しておけば、応用問題のようなものはやはりすぐに簡単に解けるようになります。それについての感想を二つ見ておきます。

・基本問題を五回くり返し法で解き、つぎに応用問題を解いてみると、解説なしですらすらと解け、「ほんとうに応用なのか」と思うくらい簡単でした。

・これまで難しく感じていた応用問題を解けるようにしたいと思い、まずそれをする前に、簡単な基本問題を五回くり返し法で解きました。その後に応用問題を解いてみましたが、解く前は難しそうだと思っていたのに難なく解くことができました。最初に解いた基本問題を少し複雑にしただけだったからです。

こういったことが体験的にわかってくると、できない問題に出合ったときにはつぎのような工夫を自分で行えるようになる人もいます。

・自分は、この分野の基本問題は解けるのに、応用問題が解けずに悩《なや》んでいました。しかし、ふと、「応用問題が解けないということは、実は基本問題も解ける気がしているだけで、ほんとうはきちんと理解できていないのではないか」と思いました。そこで、解けるはずだと思っていた基本問題をしてみると、案の定、すらすらとは解くことができませんでした。でも、その問題をくり返ししていると四回目ぐらいからはすらすらと解けるようになりました。そしてその後に応用問題をしてみると、基本問題でマスターした解き方が自然に出てきて、簡単に解くことができました。

ある人は苦手な分野を克服《こくふく》するため、最初は相当に易しい基本問題を選んで取り組んでいました。私自身が、「易しい問題から入りなさい」と指導したため何もいえなかったのですが、「いくら何でも易しすぎるのではないか」と思うほどの（いっては悪いのですが、恥《は》ずかしくなるほどの）易しい問題でした。しかしよほどの苦手分野だったらしく、そのレベルの問題がちょうどよかったようで、その問題を真面目《まじめ》に五回ていねいにくり返していました。

そのつぎに選んだのは、同じ分野の標準的な難易度の問題でした。その問題を五回くり返した後で、そういったレベルの問題も解けるようになったことを本人はずいぶんと喜んでいました。

そしてつぎに選んだのは、その分野の、「いくら何でも難しすぎるのではないか」という問題でした。ところがその問題も同じようにていねいにしていったところ、二、三回できちんと解けるようになったのです。その人は、「こんな難しい問題を自分が解けるようになるとは考えてもいなかったので、解いていきながらも信じられない思いでした」といっていました。

なおくり返しの回数は、時間がかからない基本問題を五回ていねいにくり返しておけば、時間のかかる応用問題や複雑な問題は、前節でも書いたように、必ずしも五回もくり返す必要はなくなったりします。

しかし、最初はかなり時間がかかっていた応用問題や複雑な問題も、四回目ごろから急に、それまででは考えられないようなスムーズさで解けるようになることもあります。ある学生はつぎのような感想を書いています。

・選んだ問題をしてみると、最初はあまりにも時間がかかり、この問題は五回くり返し法では無理だったのではないかと思いました。しかしとにかくくり返していると、四回目から突然《とつぜん》すらすらと解けるようになりました。五回くり返し法は、解くのに時間がかかるような問題についてもできることを実感しました。

このように、最初は時間がかかっていた問題も突然《とつぜん》すらすらと解けるようになるといった変化は、だいたい四回目ごろに出てくるようです。したがって、「念のために五回くり返してみる」といったことはしてみてもよいのかもしれません。

くり返しをやめるときのポイント

なお、一つの問題について何回くり返すのかは、今も述べたようなことがあるので、とりあえずの目安としてはやはり五回がよいでしょう。しかし、五回もくり返さなくてよいといった場合もあります。五回くり返し法の経験を積んでくれば、能力がいわば蝶《ちょう》の段階にまで変化したときのようすがどのようなものであるのかが体験的につかめてきます。そのため、あまり苦手でないような分野の問題については、たとえば三回くり返したところで、「もうここでくり返しをやめてもよい」といったことが自分でもわかってきます。くり返し自体が目的ではなく、能力を蝶《ちょう》の段階にまで変化させることが目的ですから、その変化が確認できたら、それ以上、くり返しを続ける必要はないのです。

くり返しをどこでやめてよいのかは、やはり本人がそれを体験的につかむほかないのかもしれません。しかし一応のチェックポイントとしては、今まで見てきたつぎのようなことがあるのではないでしょう。

一、手が勝手に動いて解けるようになる。
一、いろいろな角度からその問題の解き方を考える余裕《よゆう》が出てくる。
一、友だちに説明できるようになる。
一、類題をつくれるようになる。
一、解説に注文をつけるようになる。

成果の出ない場合の原因

もっとも、同一問題を五回くり返し解いても、うまく成果の出ない人もいます。その原因は、前に「とりあえず五回」の節（第三章　第七節）で見たように二つあります。

一つは、《ポイントその一：教材のレベルを下げる》をきちんと行っていない場合です。すなわち、取り組む問題のレベルが高すぎると、いくら五回くり返してもなかなか能力に変化が起きないのです。

もう一つの原因は、《ポイントその二：部分品《パーツ》のみがき上げ》を行っていない場合です。すなわち、その問題が、たとえば〈a〉〈b〉〈c〉といった三つの基本手順を合成して解かなければならないものであるのに、それら基本手順の一つひとつをまだ十分に習得していない状態でいきなりそれらを合成した複雑な問題に取り組んでしまうと、五回くり返し法で行ってもうまくいかないのです。

こういった場合には、その問題は難しすぎたり複雑すぎたのだとしていったん後まわしにして、もっと易しい問題や、その問題の部分品となっている基本手順についての問題を五回くり返し法で学習するのです。そしてその後で、後まわしにしておいた問題をしてみると、「こんなに簡単な問題だったのか」ということになり、そういった問題は五回もくり返す必要がなくなったりします。そうした点からも、最初に選ぶ問題は、前にも書いたように、「五分程度で解ける基本問題」が望ましいのです。

教材を進めていくのにもくり返しは有効

また、五回くり返し法の効果は、教材を先に進めていったときにも出てきます。

何人かの学生は、五回くり返し法で大学の専門分野に取り組みました。そのさい、一つの分野の問題を最初の節から順番にしていったのですが、第一節の問題を五回くり返した後につぎの第二節の問題に進むと、それについての解説は第一節のことを踏《ふ》まえてすぐに理解できるようになっているのです。そして第二節の問題を五回くり返した後につぎの第三節の問題に進むと、解説を理解するスピードもさらに上がっているのです。そうしたようすについての二人の感想を紹介《しょうかい》しておきます。

・前の節でしたことが頭に浮《う》かんできて、解説の言葉を自然と飲み込《こ》めるようになっていました。そのため、後は少し、新たに出てきたことを理解するだけですみました。新しいことが追加されていくことがこれほど苦にならないとは、五回くり返し法を始める前には思ってもみませんでした。

・解説を理解するまでの時間が節を進めるごとにどんどん速くなりました。今までは別のものと思っていた各節のものが、考え方やとらえ方が似ているとわかりました。

一つの分野における基本的な考え方や事柄《ことがら》は、そんなに多くあるわけではありません。そのため、最初の節の問題を五回くり返し法で解いてその節についての掘《ほ》り下げた理解や知識を得ておくと、つぎの節に進んでも、前の節と同じようなことだとわかったり、前の節にほんの少しのことがプラスされただけだとわかります。したがって、先に進めば進むほど、理解するスピードや覚えるスピードが速くなっていくのです。

ところが、一つの節についてくり返しをせずに浅い理解や知識しか得ていないと、つぎの節に進んで新たな事柄《ことがら》が積み重ねられると、その節の内容と前の節の内容を、また一《いち》からいっしょに理解し覚えなければなりません。そのため、節が進めば進むほど理解することも覚えることもどんどん増えていって追いつかなくなるのです。

このように、一つの箇所《かしょ》を五回くり返すことは、そこだけ見ると時間がかかるようでも、実際にはかえって大きな時間の節約になります。今感想を紹介《しょうかい》したうちの一人は、「何かをつかむというのはこういうことだったんですね」ともいっていましたが、そうなれば後は時間をかけずにすらすらと進めていけるのです。

体験しないとわからない

もっとも、同じ問題を立て続けに五回くり返すことは、最初はやはりほとんどの高校生や大学生にとって抵抗《ていこう》のあることでした。しかし、私から強制的にさせられているうちに、くり返しの意味も体験的につかめてくるようです。そういったことについての感想につぎのようなものがあります。

・五回くり返すことは、最初めんどうくさいと思いながらしていました。しかしくり返し問題を解いていくと、一回目、時間がかかっていた問題も、五回目には簡単にできるようになっていき、またくり返していると自分の頭のなかで、「じゃあ、これはどうなるんだろう」と考えるようになって楽しかったです。これは体験しないとわからないものだと思いました。

また、五回くり返しているうちにどうしてもばからしくなっていやになってくるという人もいました。そのような人には、「それは解くスピードが速くなって単なるノルマ消化のようになっていることが原因だろうから、とにかくスピードを落とす努力をしてていねいにするように」とアドバイスすると、「またおもしろくなりました」となることがほとんどでした。

そのようにスピードを落とさせたうちの何人かは、それをするとどういうわけか、「頭が熱くなってきました」というのです。ゆっくりするとまさに頭の血のめぐりがよくなるのかもしれません。

他分野でも応用する学生が

この学習法を体験した学生のなかには、「何でも一回でマスターできることなどない」と肝《きも》に銘《めい》じるようになり、アルバイト先で何かを教えられたときにも必ずそれをその場で五回くり返すようになったという人もいます。その学生にしても、最初は五回くり返すことに抵抗《ていこう》があったそうですが、無理にそれをしているうちに習慣になったということでした。

学習の分野は後進地域

なお、この同一問題、五回くり返し法を突飛《とっぴ》な方法と思う人がいるかもしれません。しかしスポーツや楽器の分野では、同じことを時間をおかずに何回もくり返すことはふつうにしています。たとえばテニスのサーブの練習などでも、一度よいサーブを打てたからといって練習をやめるわけではなく、そのよいサーブをいつも確実に打てるようになるために何度もそれをくり返します。それと同じことをただ学習でするだけです。そのことについてはつぎのような感想があります。

・スポーツの練習ではくり返すということをしていたのに、なぜ勉強ではしなかったのだろうと思いました。

スポーツや楽器の分野では、ふつう、くり返し以外にも、練習の方法についての指導が細かく行われています。ところが学習の分野では、先生も、ただ「がんばれ」とか「努力が足りない」というだけで、方法についての指導をしないことが多いのではないでしょうか。ある高校生は、先生から成績をもっと上げるようにといわれたので、「それでは、どういうふうにすれば成績を上げられますか」と聞いてみたところ、「それはお前、もっと努力するだけだろうが」といわれて、成績を上げるための方法については何も教えてもらえなかったといっていました。「方法についての指導」という点では、学習の分野は、スポーツや楽器の分野に比べていちばんの後進地域になっているように思われます。

くり返せばだれだって頭がよくなる

なお、五回くり返し法の体験を生かして、超不得意科目について自分でこの方法をしてみた高校生もいます。

一人は、化学の小テストで零点《れいてん》をとったのでこの方法をしてみたところ、つぎの小テストでは九十点をとれたということでした。

また別の高校生は、中間テストの数学で一桁《けた》に近い点数しかとれなかったので、自分のわかる問題から五回ずつくり返ししていったところ、つぎの期末テストでは九十点台をとれたそうです。その高校生は友だちから、「だれだって五回もくり返せばできるようになるさ」とうんざりした顔でいわれたそうですが、まさにその通りなのです。前に見た関口存男の言葉にもあるように（第三章　第六節）、「慣れれば誰《だれ》だって頭が良くなるのです」。

ただしそうなるためには、「できる教材からゆっくりていねいに」ということだけはきちんと守ってくり返しをしなければならないのですが、とにかく頭がよいとか悪いというのは、多くの場合、ただくり返しをしたかどうかのちがいだけなのです。もしも、五回くり返し法を行う前にある問題をどうしても解けなかった自分が、五回くり返し法を行った後にその問題を手が勝手に動くようにして簡単に解いている自分を見たとしたら、「何て頭がよいのだろう」と思うでしょう。しかし、その問題を解けずに頭が悪いと思っていた自分と、それを簡単にすらすら解いている自分とは、ただ三十分ほどその問題を五回くり返したかどうかのちがいだけなのです。

第四節　くり返しの不足

学力不足はくり返しの不足？

五回くり返し法をした高校生や大学生の変化を見ると、今日よくいわれる彼らの学力不足問題は、ただ、学習においてくり返しをしていないことが引き起こしただけのものではないかとさえ思えてきます。

たしかに最近の大学生の学力不足は深刻です。たとえばつぎの新聞記事などはそれを裏づけるような内容です。

インターネット接続サービス大手、インターネットイニシアティブの今春の新卒採用数は計画を4割近く下回った。応募《おうぼ》は6000人あったが、基礎《きそ》学力で基準に達した学生が60人弱しかいなかった。社長の鈴木幸一《すずきこういち》は「特に数学の力が落ちている」と歎《なげ》く。(『日本経済新聞』二〇一一年二月二十一日)

つまり、百人ほどの採用予定のところに六千人の応募《おうぼ》があったのだから、ふつうに考えれば採《さい》用枠《ようわく》は簡単に埋《う》まるはずです。ところが、応募者《おうぼしゃ》の九十九パーセントにあたる五千九百四十人ほどは基礎《きそ》学力不足のため採用できず、残り一パーセントの六十人ほどしか採用できなかったというのです。

また、つぎのような雑誌の記事もあります。

「平均点が55点、50点、47点と落ちてきた。今年は41点ぐらいになるかもしれない」。大手自動車関連メーカーの幹部は、2006~2008年度の3年にわたって技術系新入社員を対象に実施《じっし》したテスト結果を見て、ため息をつく。このテストは100点満点で、内容は小学校高学年から中学校一年生程度の算数・数学と理科である。正確に学力を把握《はあく》できるよう、毎年、全く同じ問題を出して解いてもらった結果だ。……〔この〕メーカーでは、採用者はすべて大卒以上で、学部卒が2割に対し、院卒〔大学院修了者《しゅうりょうしゃ》〕は8割もいる。にもかかわらず、例えば、三角錐《すい》の体積を求める問題の正答率は約50%しかない。院卒でも解けない技術系新入社員がいるのだ。たとえ公式は覚えていても、辺の長さが小数点を含《ふく》む数値になると、計算力不足で正答できないというのである。（「忍《しの》び寄る技術者の弱体化」、『日経ものづくり』二〇〇九年五月号）

このテストを受けたのは、学力不足のため不採用になった人たちではなく、ちゃんと採用された人たちです。しかも、そのうちの八割は大学院修了《しゅうりょう》者なのです。それなのに、小学校高学年から中学校にかけての問題を半分程度しか解けなかったというのです。

このようにいうと、「小学校や中学校で習ったことは時間がたっているので忘れてしまったのだろう」と考える人もいるでしょう。しかし、この記事にはつぎのような続きがあります。

この大手自動車関連メーカーでは、比較《ひかく》のために50歳《さい》前後のベテランにも同じテストを実《じっ》施《し》した。学歴は高卒から大卒まで。その結果、平均点は85点。「ほぼケアレスミスのレベル」（同社幹部）だったという。つまり、今の技術系新入社員の平均点は、ベテラン技術者の半分程度しかないのである。しかも、この傾向《けいこう》はさらに加速する可能性がある。

小学校や中学校を卒業してから時間がたっているというのであれば、「50歳《さい》前後のベテラン」こそ、なおさらにそうです。しかしそういう人たちは、ちゃんとした点数をとれているのです。

こういった大学生の学力不足が問題にされる場合、原因としてよくいわれるのが、学習内容の削減《さくげん》です。たしかに、学校で教えられていないことはできるはずがありません。そのため、教える内容を削減《さくげん》すれば学力が落ちるのは当然です。しかし、記事にもあった「小数点を含《ふく》む数値の計算」などは、小学校で教えていないわけではありません。したがって問題にしなければならないのは、「教えているはずの内容がどうしてできないのか」ということです。そしてその原因の一つとして、「くり返しの不足」ということはどうしても考えてみる必要があるのではないでしょうか。

つまり、先生が教えた内容をその場で生徒にさせてみて、生徒ができたときにも、「はい、できましたね」といって、すぐにつぎに進んではいけないのです。なぜなら、そこでの「できる」とは、ほとんどがまだ「えーと、えーと、と考えながらのできる」であって、能力としてはいわば卵がせいぜい幼虫になったような段階にすぎないからです。したがって、ほんとうはそこを出発点としてくり返しを行うことで、能力を蝶《ちょう》の段階にまで変化させなければならないのです。ところがそれをさせずにどんどん教材を進めていくため、生徒は一つひとつの能力にそういった変化を起こさせることができず、学年が進めば進むほど学力不足が蓄積《ちくせき》していくのではないでしょうか。

大学生や高校生の学力不足に対しては、その対策として、基礎《きそ》学力の再教育やわかりやすい説明の工夫などが検討されます。しかし、「同一問題、五回くり返し法」で学習した高校生や大学生は、その三十分ほどのあいだに、基礎《きそ》学力が変化したわけでもなければ、わかりやすい説明に新たにふれたわけでもありません。その三十分のあいだに行われたのは「くり返し」だけです。そしてたったそれだけで、理解の深さが確実に変化したのです。基礎《きそ》学力の再教育やわかりやすい説明の工夫ももちろん大切です。しかし、それらに加えてくり返しということを教育のなかにきちんと組み込《こ》むのでなければ、真の学力対策にはならないのではないでしょうか。

くり返しの習慣

ただし、くり返しが大切だといっても、各分野のすべての問題についてそれを行う必要はありません。その分野の基本問題についてだけそれをきちんとしておけばよいのです。また、やたらに多くの回数をくり返す必要はなく、学習したところをとりあえず五回ほどくり返しておけばよいだけです。そうして先に進んで行きづまったようなときには（そういった形で必要が生じたときには）、教材をまた前にもどして、そこを五回くり返すといったことをすればよいのです。そういったくり返しを行う習慣を小学生のころから身につけておけば、それ以降の学校で学力不足におちいることはまずないでしょう。日本の教育の伝統においては「くり返し」ということは重視されていたのに、その伝統が失われたことが、今日の高校生や大学生の学力不足を生む一つの大きな原因になっているように思われます。

「正しい方法」はたしかにある

私自身は大学を卒業するころまで、練習や学習に「正しい方法」があるなどとは考えてもいませんでした。そのため、何をするにしてもただがむしゃらにしていただけです。「まえがき」に書いたことでいえば、「努力＝《イコール》成果」と思っていたのです。

また、その努力にしても、本書で示した方法とはいちいち逆の思い込《こ》みでしていました。易しい教材をする必要はなく難しい教材にこそ取り組むべきだと思っていましたし、基本的な教材についてはまったくの初心者がすることだと思って見向きもしていませんでした。また、くり返しの意味もわかっていませんでしたし、ゆっくりていねいどころか教材はさっさとスピーディーにするほうが立派だと思っていました。

今の高校生にもそれと似た思い込《こ》みをしている人は多いようです。この方法について彼《かれ》らに話をする機会があったときに書いてもらう感想文には、「最初はウソだろうと疑って聞いていました」というものがよくあります。

しかしそういった高校生も、多くは、「話を続けて聞いていると、むしろ非常に自然で無理のない方法だとわかりました」と納得してくれます。この方法ほど、階段を一段一段登るような身も蓋《ふた》もないほどごくあたりまえの方法はないからだと思います。

感謝されない方法だが、お金をかけずにできる方法

もっとも、この方法はそのように無理のない方法なので、「感謝されない」ということがよくあります。それはちょうど、それまで二階に行こうと一生懸命《いっしょうけんめい》にジャンプしていたのに一センチも高くには上がれなかった人が、たまたま階段を使って簡単に二階に行けたら、それまでの悩みや苦労は忘れて、自分が二階に登れたことをあたりまえと思ってしまうようなものです。階段を使って二階に行くことには何の無理もないので、階段のおかげで二階に行けたことを忘れてしまうのです。しかしそうすると、つぎに三階に登ろうとするときには、またそこに向けて一生《いっしょう》懸命《けんめい》にジャンプするようなことをしてしまいます。そのようなことにならないためには、本書で示した方法についてきちんと自覚的に把握《はあく》しておき、それを使って成果を出したときにはそれへの感謝を忘れないようにしておく必要があるのではないでしょうか。

またこの方法には、お金をかけずにだれもがすぐに実行できるという特徴《とくちょう》もあります。なにしろ、簡単に手に入る易しい教材や基本的な教材を、ただゆっくりていねいにくり返せばよいだけだからです。逆にお金をかけてしまうと、教材は高度で複雑で量の多いものになりやすいため、かえって正しい方法から逸脱《いつだつ》してしまう危険性が増えるのです。

それではこの方法は、お金もかからずにだれもがすぐに実行できる初心者向けのもので、非常に高度なレベル（たとえば全国大会レベルやプロレベル）をめざすような場合には役に立たないのかというと、そのようなことはありません。そういったレベルをめざすにしても、やはり生身《なまみ》の人間が一つずつレベルを上げていくだけですから、特別変わった魔法《まほう》のような方法があるわけではなく、階段を一段一段登るようなこの方法を行うほかないのです。

もっともふつうの場合であれば、二階や三階程度の高さに登れば十分に目的が達成されるので、そこで練習や学習をやめてしまいます。それを、そこでやめずに十階や二十階に登っていくまで続けるかどうかがちがうだけで、方法は同じなのです。

ただし、十階や二十階にまで登る場合には、途中《とちゅう》で行きづまらないためにも、本書で示した各ポイントをふつうよりももっと徹底《てってい》して行う必要はあります。すなわち、《ポイントその一》ではもっと徹底《てってい》して教材のレベルを下げなければなりませんし、《ポイントその二》ではもっと徹底《てってい》して部分品をみがき上げなければなりません。また、《ポイントその三》ではもっと徹底《てってい》してくり返しをしなければならず、《ポイントその四》ではもっと徹底《てってい》してゆっくりていねいにしなければならないのです。たとえば、ふつうであればまず選ばないような極端《きょくたん》に易しい教材に、ふつうであれば決してしないような極端《きょくたん》にゆっくりしたスピードで取り組むといったことをする必要があります。しかし、そのように徹底化《てっていか》の程度のちがいはあるにしても、行わなければならないポイントは同じなのです。

試行錯誤《しこうさくご》の手がかり

本書では、どのような練習や学習を行うさいにも共通に実行しなければならない四つのポイントについて見てきました。しかし、実際に行われる練習や学習は、それこそ千差万別です。取り組んでいる分野もレベルもまちまちですし、それを行う本人の年齢《ねんれい》や性格、またその分野についての能力の蓄積《ちくせき》といったものもいちいちちがっています。そのため、そういった個々別々の場で、成果を出せる方法を具体的にはどのような塩梅《あんばい》で組み立てればよいのかは、最終的には当事者たちが試行錯誤《しこうさくご》しながら探っていくほかありません。

しかし本書は、そういった試行錯誤《しこうさくご》の手がかりにはして頂けると思います。本書の内容を手がかりにすれば、間違《まちが》った方法を組み立てる危険性はかなり回避《かいひ》できるでしょうし、試行錯誤《しこうさくご》の時間も相当に節約できるはずです。また、ある特定の分野（たとえばサッカーなり数学なりの分野）で説かれているさまざまな練習内容や学習内容のなかからよりよいものを見つけ出すこともしやすくなるのではないでしょうか。

ただし、本書をそのように使って成果を出して頂くためには、できれば本書をくり返し（目安の回数でいえば、たとえば「五回」）読んで頂きたいと思います。というのも、そのときどきの練習や学習において四つのポイントのうちのどれに重点を置かなければならないのかはちがっているにしても、正しい方法というのはそれらのポイントが組み合わされた一《ひと》まとまりの全体的なものだからです。そのため、本書をざっと読んで、「これだ」と思った一つのポイントを実行しても、ほかのポイントを踏《ふ》み外していれば成果が出ないということも起こり得ます。たとえば、いくらたくさんくり返しを行っても、教材のレベルをきちんと下げていなければ成果は出ませんし、教材のレベルはきちんと下げても、それに猛烈《もうれつ》に速いスピードで取り組んだのでは成果は出ないのです。そういったことにならずに確実に成果を出して頂くためには、本書をくり返し読み、どのポイントに重点を置く場合にもほかのポイントのことも忘れずに視野に置いておけるようにして頂きたいと思います。

一人でも多くの人が本書をそういった形で活用して成果を出して頂ければ、私としても「まえがき」で書いた宿題を少しは果たせたことになるかと思います。

なお、本書の内容を人に話したさいなどにときどき質問されるのが、こういった練習や学習の方法と、拙著《せっちょ》『日本人の価値観──「生命本位」の再発見』（ぺりかん社、二〇〇九年）にまとめた「生命本位」とが、どのような関係にあるのかということです。

両者の関係を簡単にいえば、「生命本位」が人や物事をどのようにとらえるかの基本的な枠組《わくぐ》みで、その枠組《わくぐ》みにもとづいて人の能力をとらえると本書のような内容になるということです。コンピュータにたとえれば、生命本位がいわば「基本ソフト」（オペレーティングシステム）で、本書で示した方法はその「応用ソフト」（アプリケーションソフト）ということになります。

ただし本書は、能力を伸《の》ばす方法についての結論だけをまとめたいわば「実践篇《じっせんへん》」として書いたため、「生命本位」との関係については煩雑《はんざつ》を避《さ》けて一切ふれていません。生命本位の枠組《わくぐ》みにもとづいて能力を伸《の》ばす練習や学習の在り方について検討した「考察篇《こうさつへん》」は、また別の機会にまとめたいと思っています。

本書は私にとって三冊目の著書ですが、この度も前の二冊に続いてぺりかん社から出版して頂けることを大変有り難く思っています。最初にぺりかん社に見て頂いた原稿《げんこう》は、先に書きました「実践篇《じっせんへん》」と「考察篇《こうさつへん》」がごっちゃになった、今から考えると大変読みづらいものでした。それを、担当して頂いた廣嶋武人氏が、「もっと読みやすいものに」ということで辛抱《しんぼう》づよくアドバイスを続けてくださいましたおかげで、何とか最初よりは読みやすいものになったかと思います。ぺりかん社および廣嶋武人氏に、ここであらためて心より御礼《おんれい》申し上げます。

平成二十八年四月六日

立花　均

著者略歴

立花　均（たちばな　ひとし）

昭和27年（1952）福岡市に生まれる。昭和50年九州大学工学部生産機械工学科卒業。昭和58年同大学大学院教育学研究科博士課程単位取得満期退学（教育哲学）。

元 久留米工業大学教授、副学長（平成25年３月退職）。

著書――『山鹿素行の思想』（ぺりかん社、2007年）、『日本人の価値観――「生命本位」の再発見』（ぺりかん社、2009年）。

論文――「古医方家・永富独嘯庵の医術修業論」（『日本思想史学』16）、「山鹿素行の用の思想と朱子学批判」（『倫理学年報』43集）など。

装幀……臼井 新太郎

能力《のうりょく》を伸《の》ばす四《よっ》つのポイント

2016年10月25日　初版第１刷発行

著　者　立花　均

発行者　廣嶋 武人

発行所　株式会社 ぺりかん社

〒113-0033 東京都文京区本郷1-28-36

TEL 03(3814)8515

URL http://www.perikansha.co.jp/

印刷・製本　太平印刷社

Printed in Japan

ISBN978-4-8315-1444-8